薩隅今昔史談

隼人が語る歴史の真相

中村明蔵

国分進行堂

本書は、二〇一五年一月から二〇一五年十二月まで、地域情報誌『モシターンきりしま』（国分進行堂）に十二回にわたって連載された原稿に加筆したものである。

はじめに

あきらけき鏡にあへば　すぎにしも
　　いま行く末のことも見えけり

筆者の好きな歌一首を、あげてみました。平安時代後期の成立とされる歴史物語『大鏡』に載せられている歌です。

よく磨かれた鏡に向かえば、過ぎ去ったことも、これから先の将来のことも、見えてきます、と解釈できます。

『大鏡』は、「この世をば、わが世とぞ思ふ・・・・」と歌った藤原道長を中心に、藤原全盛期を批判的に叙述したものです。二〇〇歳に近い二人の超高齢老人が語る歴史を、三〇歳前後の若者が、それを聞いているという構成ですが、この歴史物語を「大きな鏡」と呼んでいることには、深い意味があるようです。

「鏡」とは、人の容姿を映すだけでなく、過ぎ去った歴史を顧みることを指し、時には「鑑」の字もあてて、カガミと訓ませています。したがって、書物名に「鏡」ないし「鑑」がつけば、「鏡物」とよび歴史を内容とした書を指しています。

同時に、「鏡」「鑑」は手本になるもの、模範になるものを意味しています。といって、過ぎ去った歴史がすべて手本にはなりません。そこでは、批判が必要であり、批判によって修正が生じてきます。それを今後にどう生かすかが大事であり、そこに歴史を学ぶ目的が見えてくるようです。

いま歴史を学び、探究する人は、過去の物事の真の姿を探り、見きわめることで満足しているようですが、それだけでは不充分です。というのは、冒頭の歌にあったように、過去を見て、行く末までも見る必要があり、そこにこそ、歴史を学び、探究し、さらに批判する意義があると思うからです。

そのためには、よく目を開き、よく磨かれた鏡で、歴史と向き合うことでしょう。

薩隅今昔史談——目次

第一部

第二部

第一部

一章　「韓国《からくに》」の地名

「韓国」は「空国」ではない

鹿児島県内や周辺には、「韓国」を冠して呼ばれる地名や、その地名に関係する場所がいくつか見出される。

それらのなかで、古い例とみられるものが韓国宇豆峯神社であろう。筆者はかつてこの神社について、小稿を書いたことがあるので、その拙文を再掲してみよう（『日本の神々』第一巻、一九八四年、白水社）。

韓国宇豆峯神社《からくにうづみね》

鹿児島県国分上井（すべて旧地名）

祭神は諸説あって一定しないが、五十猛命《いたける》・韓神《から》・曾富理神《そほり》などとする系統と天児屋根命《あまのこやね》などとする系統がある。また、前者の三座を奉祀とし、後者にほかの一柱を加えて配祀とし、両者ともに認めるものもある。

江戸時代の天保期（一八三〇〜四四）成立の『三国名勝図会《さんごくめいしょうずえ》』によると、現在地より南西五町ばかりの野岡に宇豆峯といわれる所があり、そこが当社のもとの所在地であったが、永正元年（一五〇四）以前に現在地に移ったという。ちなみに当社には、永正元年以来の棟札が残っている。

『延喜式』（十世紀の法制書）神名帳所載の社（小社）ではあるが、その歴史はヴェールにつつまれている。したがってその創建と歴史的背景について、推定もまじえて考察を試みてみたい。

国分市は、その地名から明らかなように、大隅国の国府の所在地で、大隅国の中心地であった。国府の地は、いまの日豊線国分駅のすぐ後方の「府中」にあったといわれている。また、国分寺は、現在の国分市公民館の敷地にあったとみられているが、その創建は出土する布目瓦の文様形式から奈良時代末期と考えられている。その公民館前の広場には「康治元年十一月六日」の銘の刻まれた石造層塔があり、国分寺の遺物とされている（康治元年は一一四二年にあたる）。

国分市と西に隣接する姶良郡隼人町（鹿児島神宮などがある）の一帯は、鹿児島湾の奥部にあたり、南部九州の要地にあたっている。さらに、鹿児島湾に注ぐ天降川《あもり》＝新川（かつての広瀬川）は江戸時代以前には船舶が川筋を遡上して航行していたといわれ、現在の国分市の内陸部まで舟運があったらしいので、国府所在地にふさわしい交通の要衝であったとみることができる。

韓国宇豆峯という社名はかなり変わっている。「韓国」を冠する地名としては、近くの霧島山の最高峰に韓国岳《からくに》（一七〇〇メートル）があり、国分平野からは北方に遠望できるところから、何らかの関連があるように考えられる。しかし、一般的には天孫降臨神話の「日向《ひむか》の襲《そ》の高千穂峯」につづく「膂宍之《そじし》空国《からくに》」と関連づけられている。だが、社伝によると当社は韓神を祀る社であるから、「空国」と結びつけるのはうなずけないであろう。また、いっぽうで韓神ないしは韓国との関係はその裏づけが可能であるところから、やはり社名の「韓国」には意味がありそうである。なお、「宇豆」は堆《うず》高いの意で解釈できそうである。

カラクニを社名に冠する神社は、『延喜式』によると、河内国志紀郡に辛国《からくに》神社、出雲国出雲郡に韓国伊太氏《いたて》神社（三社）、豊前国田河（田川）郡に辛国息長《からくにおきなが》大姫大目命《おおひめおおまのみこと》神社などが見える。辛国＝韓国であり、これらの所在地がいずれも朝鮮半島との関係が濃厚に見いだされる地方であることに注目したいが、ここでは、とりわけ豊前国の辛国息長大姫大目命神社をとりあげたい。この神社は、現在では福岡県田川郡香春《かわら》町にある香春神社がその後身で、明治四年（一八七一）に辛国息長大姫大目（大自との説もある）命神社を香春神社に改称したという。

『豊前国風土記』逸文には、田河郡鹿春（香春）郷に新羅《しらぎ》国神が渡り来て住んでいたのでそれを「鹿春神」といったとの記事があり、辛国息長大姫大目命神社の辛国の意味がわかりそうである。豊前の地が朝鮮半島と関係あることは、瀬戸内海の入口に位置していることや、大宝二年（七〇二）の豊前国戸籍にみえる氏姓のなかに朝鮮半島系の秦《はた》氏一族が多数見出されることや、白鳳期から天平期にかけての新羅系古瓦が出土することなどから指摘できるところである。

ところが、鹿児島神宮の項でものべたように、『続日本紀』の和銅七年（七一四）三月の記事によると、隼人を勧導するために豊前国の民二〇〇戸を移したことが知られる。その移住先は明記されてないが、薩摩国の国府の地の周辺には肥後国からの移民が行なわれたと推定されるので、豊前国からは大隅国の国府の地の周辺に移されたことが推定できる。とすると、八世紀初頭の豊前国からの移住者が大隅国府の地へ朝鮮半島系の神を持ちこんだことも十分に考えられるところである。

じつはそのときに、鹿児島神宮の一要素をなしている八幡神も豊前国から移されたのではなかろうか。八幡神と韓神が豊前の地でも密接な関係にあったことは、その神事をつうじて知ることができるが、豊前国からの移住民たちは、蛮族隼人の地にこれらの守護神を遷祀することによって、生活の不安を柔げようとしたものとみられる。八幡神と韓神が、国府のある国分平野の西辺と東辺に配置されているのも、そのような意図があってのことであろう。

香春岳を訪ねる

この小稿を書く前に、筆者は現地の状況を知りたいと思い、福岡県田川郡の香春の地をたずねてみた。

日曜日しか自由に動けない身であったから、土曜の夜に列車に乗り、翌朝北九州の小倉で乗り換え、日田彦山線で南下し、香春に降り立ったのは午前十時頃でもあったように記憶している。

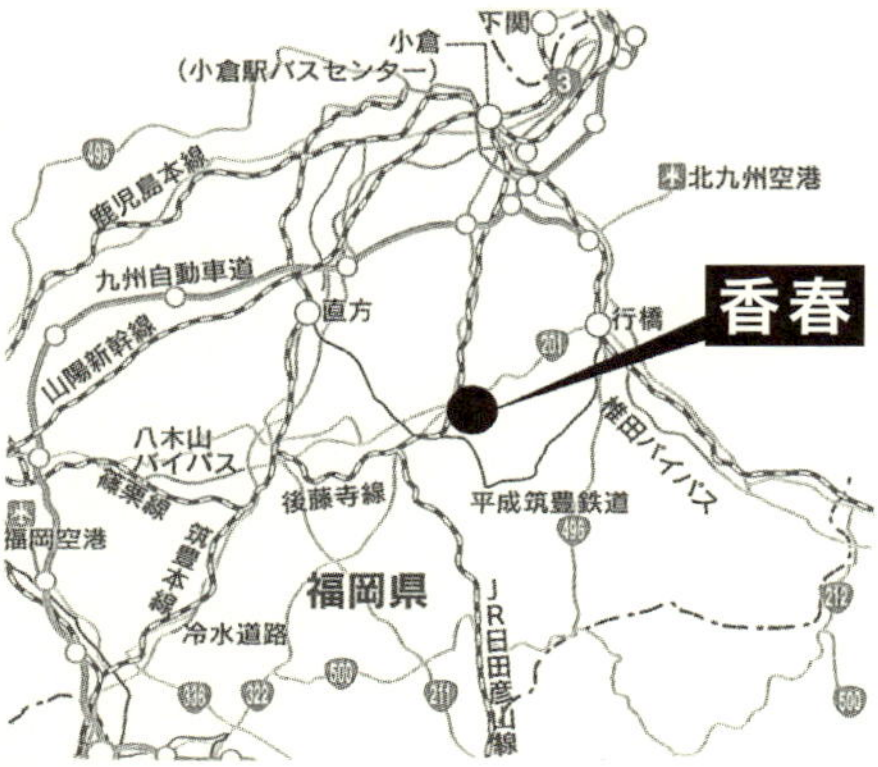

香春町の位置

駅舎を出て、まず目に入ったのは、奇妙な山容の香春岳であった。聞くところによると、香春岳は一ノ岳・二ノ岳・三ノ岳があり、今見ているのは一ノ岳で、石灰岩でできているので、セメント材として採掘されているため、山容が少しずつ変化しつつあるという。

その一ノ岳の南麓に香春神社はあった。古代以来の神社の所在地に異同などの説があるのかは聞いていないが、なかなかの風格を感じさせる神社である。

それでも、永禄年中（一五五八〜七〇）に炎上し、江戸時代の延享二年（一七四五）の神殿再建までは仮殿のままであったという。

現、香春三山（右より一ノ岳、二ノ岳、三ノ岳）

旧、香春三山（昭和 10 年 8 月 10 日　宮本 政朱氏 撮影）
（写真はいずれも同町教委刊「香春町歴史探訪」より転載）

この一帯は、セメント材ばかりでなく、多種の鉱産資源に恵まれている。とりわけ近代では石炭の産地として知られ、炭坑節の「一《ひと》山《やま》、二山《ふたやま》、三山《みやま》越え」はこの香春岳の一ノ岳、二ノ岳、三ノ岳を歌ったものだという。

しかし、古代では銅の一大産地であった。古代の銅産地としては、ほかに長登《ながのぼり》銅山（山口県）が

香春神社

あり、東大寺大仏の銅材を供給したことで著名であったが、その長登銅山と並ぶ産地が香春岳一帯であった。

ＪＲ日田彦山線の香春駅の手前、北九州市寄りに、採銅所駅がある。この一帯は、その名の通り銅の原材を採掘した所であり、いくつもの間歩《まぶ》（坑道）跡が残っている。

また、豊前国では最古の神社とされる古宮《こみや》八幡宮が駅のすぐ東に立地しており、祭神豊比咩《とよひめ》命は銅の採掘と深くかかわり、古宮八幡宮の宮司を代々務めてきた長光《ながみつ》家は、採掘された銅で神鏡を造り、宇佐八幡本宮に奉納してきた由緒ある家柄と伝えられている。

ところで、香春神社の祭神は、古く豊比咩神を勧請《かんじょう》した時期があり、それ故に「古宮」八幡宮と呼ばれたともいわれている。

このような伝承から推測すると、古宮八幡宮と香春神社（その前身、辛国息長大姫大目命神社）は時代を前後し、いずれも銅の採掘とかかわり、その背後には渡来人の勢力と技術がかかわっていたようである。そしてさらには、宇佐八幡の創祀ともつながりがあるように思われる。

渡来人の活躍

豊前の香春岳、その三ノ岳の東から南にかけての一帯には渡来人が勢力を伸張させていたが、その中心は秦氏《はた》およびその配下の部民《ぶみん》であったとみられる。

秦氏は、その伝承によると、応神朝（四世紀末～五世紀初）のとき渡来し、秦《しん》の始皇帝の子孫弓月君《ゆづきのきみ》に率いられて、山城の葛野《かどの》郡を本拠として各地に分布したという。しかし、朝鮮半島の新羅からの渡来とみる説が有力で、『豊前国風土記』に見える記述などに、その妥当性が見出される。

秦氏一族は、養蚕・機織《はたおり》をはじめ諸技術にすぐれ、各地で地域の開拓・殖産にも努め、その痕跡は各地で見られる。その一端が豊前における銅山の開発であり、また寺院の建立などであった。

山城に太秦広隆寺《うずまさこうりゅう》を造立したことはよく知られているが、畿内で松尾大社・伏見稲荷・平野神社などを創建してもいる。豊前でも寺院のほか、宇佐八幡の創建にも深くかかわっていたのではないかと推測されるところがある。

大隅国府周辺への移住

そこで、話をもとにもどそう。

このような歴史的背景をもつ豊前から、大隅国府周辺への移民計画が立案され、実施に移されたのである。おそらく、大宰府の主導とみられる。当時の大宰府配下では、豊前の地域はもっとも先進的であり、その技術によって蛮地とされる隼人の勧導に大宰府は期待するところが少なからずあったはずである。

そのいっぽうで、移住を命じられた豊前の住民には未知の土地での、恐怖をもともなう生活の不安は隠しきれず、動揺が広がったであろうことは想像に難くない。その不安や動揺を少しでも柔げる精神的依りどころは、信仰する神を同伴して祭祀することではなかったかと推測している。

その結果が、先掲の神社の勧請《かんじょう》となったのであろう。

ところで、「韓国《からくに》」という神社の名称が現在まで存続してきたことに、筆者はいささか歴史的奇異感を覚えてきた。というのは、「韓国」（辛国）の語に対する日本人の歴史的感覚が時代によって、また地域によって変遷してきていることに出会ってきたからである。

韓国岳遠望

現に、豊前の式内社辛国《からくに》息長大姫大目命神社の社名は消滅し、香春神社となっている。となると、豊前の神を勧請して大隅で祀《まつ》るようになった韓国宇豆峯神社は「韓国」を冠した西海道（九州）唯一の神社ということになろう。

また、大隅の神社の場合はその歴史をたどり、社名の変遷を文献・記録とさぐっても、その痕跡は見出せない。

さらには、この地域から遠望できる霧島山系の最高峰、韓国岳（一七〇〇メートル）にも「韓国」の名称が見出される。「韓国」の名称は、日向神話にも見えるから新しい用語ではなく、おそらくはこの地域に住んだ渡来人の信仰とかかわってつけられたとみられる。

俗説によると、韓国岳の頂上に立つと、季節と天候の条件がかなえば、朝鮮半島が見えるところから、山の名がつけられたという。しかし、いままで実際に見た人、あるいは写真にとったという話は聞いていない。したがって、この俗説には確とした裏付けが得られていない。

渡来系氏族は中央政権にも

南部九州の大隅・薩摩、さらに日向の三国の人びとは、韓国岳を眺めて暮らし、ときには登山もし、ある時には崇拝して信仰の対象ともしつつ、その名称「韓国」に特別の違和感をもつことはほとんどなかったようである。それと同じ感覚で神社名の「韓国」にも対してきたのであろう。現に地元では、神社の正式名称には無頓着で、「韓国明神」とか「韓国さん」などと呼んで集落の鎮守的神社として通っている。

このような感覚を、筆者は古代人にも見ている。というのは、九世紀初めに撰上された『新撰姓氏録《しんせんしょうじろく》』によると、当時山城・大和・摂津・河内・和泉のいわゆる畿内五カ国の氏族一一八〇氏余りのうち、「諸蕃《しょばん》」といわれた渡来系氏族が約三割もあったことが記されている。そのような渡来系氏族の代表が秦氏《はた》であり、ついで東漢氏《やまとのあや》や西文氏《かわちのふみ》など文筆で活躍した氏族である。いずれも朝鮮半島からの渡来氏族であろうが、平安時代には中国の漢民族の子孫と称することもあった。

渡来系氏族は機織・文筆などをはじめ、優れた高い諸技術を伝えて、ヤマト王権や律令国家に貢献した。したがって、しだいに朝廷に同化していき、渡来人としての違和感も消失してしまったようである。

明治期以後には違和感も

ところが、明治以後の日本近代国家の形成過程で、新しい違和感が生じてきた。その具体的歴史状況をここで述べることは本稿とは懸隔があるので避けるが、筆者自身は幼児の頃から朝鮮人の友だちと遊び、育ってきたので、そのような違和感はほとんど持っていない。

筆者は北九州で生まれ、その地の小学校に入学した。そして、近所の遊び友達と登下校したが、その中には朝鮮人の子どもが何人かいても、とくに気にしたことはなかった。

成長してから考えたことであるが、かれらの父親はおそらく、北九州の軍需工場のどこかで働いていたのであろう。北九州には二〇〇〇年以上前の弥生時代以来、朝鮮半島から多くの渡来人が移住しており、かれらによって進んだ文化がもたらされてきた。

渡来人は、やがて在来の人びとと混血したらしく、弥生時代の北部九州人と南部九州人は、その体型に相違があることを、かつて内藤芳篤先生（長崎大学）に教えられたことがある。

両地域の出土人骨の測定結果の概略を示すと、とくに頭蓋《とうがい》骨の形質と身長に差異が認められるという。北部九州では頭蓋骨の頭長が長く、身長が高い。いっぽう、南部九州では頭蓋骨の頭幅が広く、身長が低いらしい。また、種子島や奄美大島では頭蓋骨の特色が、南部九州人よりさらに強まる傾向があるという。

朝鮮半島からの渡来人の様相を目《ま》の当りに見せてくれる施設がある。山口県下関市豊北町にある「土井ヶ浜《どい》人類学ミュージアム」である。いまは下関市に合併しているが、以前は下関からJR山陰線で北に約三〇分、豊北町の長門二見《ながとふたみ》駅で下車、バスで「土井ヶ浜」で降りるとすぐの場所である。ミュージアムの敷地一帯は弥生時代の朝鮮半島渡来人の集団墓地であり、その埋葬状況をそのまま現存、見せてくれる。

当時の倭国人《わこく》と比べると、確かに体系はすぐれている。一帯は砂丘であったから、人骨の残存状態が良好である。埋葬に際して人骨の頭位がほとんど西向きである。おそらく、故地の朝鮮半島に向けて葬られたのであろう、との説明であった。

桑原郡の由来は

話を韓国宇豆峯神社にもどそう。

奈良時代の遷祀は、朝廷の命を受けた大宰府主導の豊前住民の移配政策によって、住民たちが南部九州にもたらしたものであった。

その結果は、渡来人を祖とする豊前住民のすぐれた殖産技術が、大隅国周辺に導入され、一帯の開発が進んだものとみられる。新設の郡名「桑原」に見られるように、桑の植樹にともなう養蚕や機織の技術が広められたと推測されるが、その状況を具体的に知ることのできる文献記録や資料は、残念ながら見出されていない。

また、筆者には以前から気にかかっていることがある。それは、この神社の近くに「銅田」の地名があり、いっぽうで地元の研究者によると、神社の北方にあたる奥地に銅鉱の採掘跡があるとの情報を得ていることである。

その研究者と銅鉱跡を探る相談をしていたのであるが、研究者が体調をくずし療養中のため、いまだ探索が実現していない（二〇一五年に、見学は実現できた）。

もし、その銅鉱が古代にさかのぼる可能性があるとなると、豊前香春岳北東の採銅所との関連などが、この地域でも再現されそうで興味があり、さらに関心がもたれるところである。

研究者にも広く関心が

ところで、この韓国宇豆峯神社を訪ねて、県外各地から研究者が少なからず来られる。そのうち何人かは筆者が案内同行したことがあった。

そのうちの一人、当時京都大学教授で古代史専門の上田正昭先生は、神社の名称ばかりでなく、周辺の地形や神社の立地している場所にも興味を示され、一帯をかなり歩き回られた。先生は若い時から帰化人・渡来人についても研究されていて、この神社には早くから関心をもっておられたようである。なお、先生のご自宅は京都近郊の神社の境内にあり、神社信仰には造詣が深いこともあって、細部にわたって観察しておられた。

梅原猛氏を韓国宇豆峯神社に案内（右は筆者）

もう一人は哲学者の梅原猛先生が、この神社に強い関心を示されたことである。先生は日向神話に興味があっての来訪のようであったが、メモをとるようなことは一切されず、その場でご自分の頭におさめられる様子で、沈思黙考して観察しておられた。

ほかにも、この神社に関心をもたれて来訪した研究者がおられるが、それだけこの神社には人を惹きつける魅力が、あるいは謎が秘められているようである。

ところが、地元の霧島市民、あるいは鹿児島県民の間では、その存在すら知らないという方が少なくない。その一因は、この神社の行事や祭礼が地味であり、しいて人びとを呼び込むような動向を示さないことにあるのでは、と筆者はひそかに考えたりしている。

とはいえ、この神社は県内に七社しかない式内社のなかの一社であり、古代から存在していたことが明らかで、由緒も確かな神社ということを再認識して、その祭祀の存続を願っている。

二章　クマソとヤマトタケル

自称「クマソ」の末裔

クマソの末裔を自称する鳥集《とりだまり》忠男さんは、かなり特異な人物であった。住んでおられた宮崎県の都城にはクマソ踊りが伝えられてもいたから、その土地柄のせいでもあろうか、と思ったりもした。

とはいっても、都城の筆者の知人のなかでクマソを自称したり、クマソに愛着をもって語る人は、他には存知あげないのでやはり特異な方《かた》であろう。鳥集さんが木製の板張りのゴッタンを弾き語る姿と、その音色はいつまでも耳目に残り、脳裏に浮んでくる。

ハヤトに比べると、クマソはより野蛮のイメージがまとわりついている。なぜであろうか。

『古事記』神話の国生みの章では、南部九州の日向・大隅・薩摩に該当する地域を「クマソ国」と呼んでいるが、イザナギ・イザナミの二神が生んだ大八洲《おおやしま》国土の一部であるから、この地域だけを粗暴な蛮地とするのは、話の筋からいっても理に合わない。

『古事記』の語るクマソ国の一方の中心的位置を占めるのが都城であり、この地域の土俗性をにじませているのが鳥集さんの風貌であり、ゴッタンの音色であった。

ところが、クマソは明治以来の学校教育のなかでは悪者の代表格であり、その教育を受けた人びとの間では、問答無用の悪者イメージが頭の中に植え込まれ、その根茎がいまだに残存しているのを、筆者はときに感じることがある。

そのクマソ悪者教育の一端を教科書の記述からとりあげてみよう。明治二十年

（一八八七）五月に出版された『小学校用歴史一』では、

熊襲八、九州ノ南部ニ住メル蠻族ナリ、驕暴ニシテ、勢甚猖獗ナリ、天皇之ヲ親征シテ、未服セズ、小碓皇子ニ命ジテ、之ヲ伐タシム、皇子勇武、人ニ超エ、單身賊巣ニ入リ、謀リテ賊酋ヲ誅ス（下略）

ヤマトタケル、クマソを討つ（教科書挿絵）

どうですか。まず読めたでしょうか。当時の小学生の学力では、かなり難解な文章だったと想像されます。漢字が多く、ふりがなもついていない文章です。したがって、教師が一字一句、その読み方、字句の意味を教えながら読み進めたと思われます。

驕暴《キョウボウ》（心おごって荒々しいこと）、猖獗《ショウケツ》（たけく荒々しいこと）、小碓皇子《ヲウスノミコ》（ヤマトタケルノミコト＝日本武尊)、誅《チュウ》す（罪ある者を殺す）などと、読みと解釈を加えながら、教師は授業を進めたと推測されます。

このように、読むことさえ困難な字句が並ぶと、児童の頭の中にクマソの悪者ぶりが一層強く印象づけられたのでは、と思われる。

このクマソ観は、太平洋戦争以前の子どもたちの間では常識であって、遊び仲間の中に喧嘩好きがいたり、凶暴な行動をする者がいると、「クマソ」だといって仲間はずれにしたものだ、と聞いている。

いま、各地に大小の郷土資料館施設ができて、地域の歴史を展示・紹介する試みがなされている。その一か所を訪ねたとき、壁に張られた手作りの年表を見ていたら、該当年代の下の項目の欄に、「このころ、熊襲征伐おこなわれる」と記されていた。

いまの子どもたちは、この記述をどのように読んで、どう理解しているのであろうかと、筆者はかなり気になりながら帰途についた。まずは、「熊襲《くまそ》」「征伐《せいばつ》」と読めるのだろうかという疑問と、「征伐《せいばつ》」が悪者を討つ意味だと分かって使っているのだろうかと。分かっているとすれば、クマソは自分たちの祖先だということが自覚されているかの問題がある。自分たちの祖先が悪者扱いされていることに対して、何らかの抵抗を示す表記を工夫して、展示できなかったのだろうかと。

記・紀に描かれたクマソ

クマソは『古事記』と『日本書紀』の両書を主に、その歴史的存在と為業《しわざ》が取りあげられている。両書では、まずその表記が異なっている。クマソは、『古事記』では「熊曽」と表記され、『日本書紀』では「熊襲」と表記されている。

ところが、教科書をはじめとするほとんどの読み物では、「熊襲」一辺倒である。この用字を見るだけで、クマソの驕暴ぶりが増幅されそうである。

用字の「熊」は日本列島に生息している獣類では最大で黒色、そのクマが「襲」うというのであるから、想像するだけで「クマソ」は恐ろしい存在である。

そのようなクマソは討たれて殺されても当然である。そのクマソを討ったのがヤマトタケルであるから、かれは英雄として賞讃されることになろう。

ところが、ヤマトタケルが実在したことは、いまだに確かめられず、おそらくは作り出された人物像とされている。となると、クマソが存在したことも、はなはだ疑わしくなってくる。

ヤマトタケルは、物語の中では日本列島を西へ東へとかけめぐり、天皇に服従しない人びとを討っている。それもほとんどで単独行動なのである。どう見ても、事実とは思えない話である。

はっきりいって、クマソは存在しなかったのである。

そのことを、筆者が鳥集さんに話したところ、鳥集さんは「そんなことはわかっています」と、ごくあっさりとした返答がかえってきた。そして、「まだ、クマソは生きのびていますよ」ということを、「私は一人で主張しているのです」、というのであった。

鳥集さんは、おそらく権力に刃向かうクマソが好きで、その姿にあこがれていたのであろう。

クマソに次いでツチグモ

クマソほどではないが、九州を中心に各地に、ときに王権に反抗する土蜘蛛《つちぐも》と呼ばれる土着勢力が存在した。

ヤマトタケルの父、景行天皇がクマソを討つために周防《すおう》（山口県）から渡海して、豊前から豊後（大分県）に入った。ところがそこで、土蜘蛛に妨害されて「進行することを得ず」という事態になった。

かれらは磐窟《いわや》を住処《すみか》とし、名を青《あお》・白《しろ》・打猨《うちさる》・八田《やた》・国摩侶《くにまろ》などといい、強暴で衆《とも》類《がら》も多かったという。

また、悉皆《みな》で大言して気勢を揚げて、「皇命に従わじ」というありさまであった。また、「もし、強《し》いて天皇の許へ喚《よ》びよせて、服従者として奉仕させようとするならば、兵《いくさ》を興《おこ》して距《ふせ》ぐぞ」という。

そこで天皇は、「いまのうちに兵衆《つわもの》を動かして土蜘蛛を討とう。もし、我が兵力を畏《おそ》れて、山野に隠れると、必ずや後《のち》の愁《うれい》になる」とのたまいて、かれらの城柵など要害の地をおさえて、悉《ことごと》に誅《つみな》い滅してしまった。

また、崇神《すじん》天皇の御世には、肥後国の益城《ましき》郡の朝来名《あさくな》の峯（福田寺山）に土蜘蛛の打猴《うちさる》・頸猴《うなさる》の二人がいた。かれらは従衆《ともがら》一百八十余りの人をひきい、皇命に拒捍《さから》いて

土蜘蛛想像図

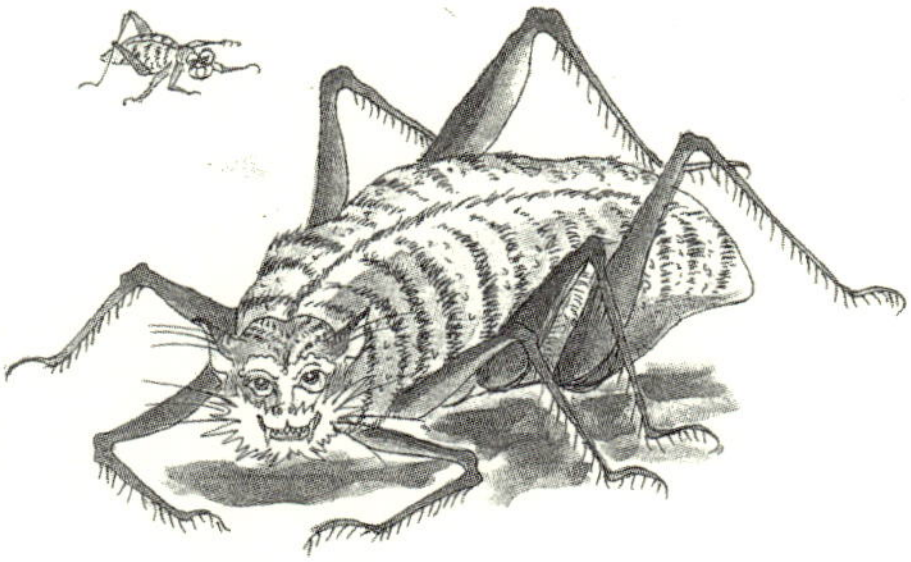

『土蜘蛛草子』の挿絵から。（やまうち裕子さん改作提供）

帰順降服しようとしなかったので、臣下を遣わして悉に誅い滅した。

つぎに、東日本の例も紹介してみたい。

常陸《ひたち》国（茨城県）では、国巣《くず》と呼ばれており、『常陸国風土記』では、「俗語、都知久母《つちくも》」とあるから、土蜘蛛のことである。また、「山の佐伯《さへき》、野の佐伯」ともある。かれらは、「土窟《つちむろ》を掘り、常に穴に住み、人来たれば窟に入りて隠れ、その人去ればまた野に出でて遊ぶ。狼の性《さが》、梟《ふくろう》の情《こころ》にして、ひそかに窺《うかが》い、掠《かす》め盗む」などして、一般の人びとと は風習やならわしが異なっていて融和しない、とも述べている。

しかし、東日本の場合は概して土蜘蛛の密度は低い。

『古事記』『日本書紀』では、それぞれ「土雲」「土蜘蛛」と表記を別にしているが、その身体的特長として、前者では「尾生《あ》る人」とし、後者では「身短くして手足長し。侏儒《ひきひと》に似たり」ともあり、サルの意をもつ「猨」「猴」の表記などが見えるところからすると、動物的見方をしていたのであろう。

また、かれらは女酋や巫女をかかえていたりするところからみると、それぞれ特異な信仰をもつ集団でもあったようである。

このような、ツチグモに関する叙述を総合すると、ヤマト王権がその勢力を伸張していく過程で、各地の土着勢力と対峙し、その勢力を帰服させていった歴史的現実を反映しているようである。

そこでは、ツチグモが窟《むろ》や穴に住む低俗な集団とされ、また動物と同一視される軽蔑的描写もみられるが、それらは造作された誇張表現とみなしてよいであろう。

そこで、先に述べたクマソの場合と対比してみると、クマソは女装した単独のヤマトタケルに討たれるなど、いかにも現実離れした架空の物語であることに気付かされよう。

語り継がれるクマソ伝説

南部九州には各地にクマソ伝説が残っている。なかでも多いのは、鹿児島湾奥部の旧隼人町、旧国分市、それに旧牧園町の地域である。この地域は、いまはいずれも霧島市に含まれている。

それらの伝説地のなかでも、よく語られるのが、「クマソの穴」と呼ばれる、クマソの住処《すみか》である。クマソもツチグモと同じく窟や穴に住んでいたと考えられていたらしく、その穴居の跡がこの地域にはいくつか伝えられている。

なかでもよく知られているのが、旧隼人町の北端、旧牧園町との境いに近い妙見温泉の地にあって、名所ともなっている「クマソの穴」である。

この穴は、山腹に立地するが、そこへの登り口近くにある、ホテルの所有地である。もう数十年も前の話になるが、その持主から、穴の調査について相談を受けたことがあった。

その時は、考古学・地質の研究者も同道して、依頼の目的や主旨などもお聞きしたのであったが、持主ご本人はクマソの穴居地として、かなり確信を持っておられるようすであった。しかし、筆者を含め同道した研究者らは、依頼主の熱意に十分に応えられるような返事ができないまま、温泉に浸かり、ごちそうにあずかり、調査は保留になっていた。

ところがその後、持主から筆者に電話があり、穴の内部をクマソの住処らしく装飾したので、一度見に来てくれ、とのことであった。

しかし、なかなか機会がないまま打ち過ぎ、しばらく経って見に行ったところ、内部がペイントであろうか、多種の彩色で多様な文様が描かれ、その変容ぶりに唖然《あぜん》としてしまった。

「クマソの穴」入口付近

ところで、クマソを『古事記』では「熊曽」と表記し、『日本書紀』では「熊襲」と表記するが、そのほかに各国の『風土記』のなかには「球磨贈於《くまそお》」と表記するものがある。『筑前国風土記』や『肥後国風土記』（いずれも逸文）などがその例であるが、ほかにもある。

このような表記からすると、球磨（又は玖磨）は肥後の南部、球磨川の流域の地名であり、噌唹（または贈於、囎唹）は大隅北部の地名で、両地域が密接な関係をもっていたことから、連称されたのがクマソと見る説がある。

この説は津田左右吉《そうきち》（文化勲章受章者・歴史家）によって提唱されたもので、学界ではクマソを考える際の定説的意見とされている。

ここまで書いてきて、ふと新聞の歌壇に載せられた歌が目についた。

チェンソーの　音山々にこだまして　熊襲の里は　秋が深まる

筆者はいつの間にか「熊襲」とか「隼人」という活字に、目がつく性分になっていて、自分でも苦笑することがある。ここでも「熊襲」の文字にひかれて、この歌に、つい目がいったのであった。

読んでみると、「熊襲の里」の情景が眼前に浮んでくるようである。また詠んでいる方の住まいが「曽於」とあって、その感がいっそう深まってくる。

さらには、その選評にも目が移った。そこには、「熊襲は記紀の時代、肥後国と大隅国にいた豪族をいう。・・・・・・」とあり、選者もよく調べておられる。

学界のクマソについての定説的見解は、まさしく肥後と大隅の勢力が密接な関係をもって存在した、とするのであるが、はたしてそうであろうか。少し検証してみたい。

まず、クマソを「球磨贈於」などと表記する『風土記』は西海道（九州）のそれが主である。それらは、いわば地元の伝承を記録したものであるから、他の地域の『風土記』の記述よりも信憑性があるとみられる。

ところが、西海道各国の『風土記』（逸文も含めて）の記述内容を比較して検討してみると、類似の記述が少なからずあることに気付かされる。とりわけ、クマソ関連の記述にそれが目立っている。

そこで、その作成過程を推測するに、西海道諸国の『風土記』は、朝廷に提出する前に大宰府に集められ、府官によって最終的点検・調整が行なわれたとみられる。その結果、西海道諸国の各『風土記』は、その記述内容が類似的、あるいは統一的叙述が少なからず見られることになったのであろう。その一例が「球磨贈於」の表記である。

つぎに、肥後の球磨の地域と大隅の贈於の地域がどれほど密接な関係をもっていたのであろうか。

じつは、両地域で検出されている古代における遺物・遺構などに共通する例は多くはなく、文化的には差異が目立っている。しいてあげれば、地下式板石積墓と呼ばれる墓制に類似した例が見られるが、その墓制は両地域への伝播ルートを別にしており、一方から他方へ伝わったものではない。

両地域への文化伝播の主ルートは、球磨地域は球磨川であり、贈於地域は川内川と天降川《あもり》（新川ともいう）である。両地域の古墳文化の様相を見ると、球磨地域では装飾古墳や高塚古墳が分布するが、贈於地域では両者ともに皆無である。このように古墳築造の様相において、両者の文化的差異は顕著である。

また、両地域は地理的・地形的にも隔絶している。それを端的に示すのは、九州自動車道の建設の際に、両地域を結ぶ路線が最後まで残されたことである。両地域の間には山地が横断しており、高低差があって難工事の連続であった、と伝えられている。

したがって、「両地域が密接な関係をもっていた」などと述べているのは、地図をひろげて平面的な観察をした、表相的な見解でしかないし、それを学界で定説的に取り扱うのは、軽卒としかいいようがないであろう。

身近な『広辞苑』などの辞書類も、学界の定説的意見を忠実に叙述しているのが現状である。

ヤマトタケルの実像

ヤマトタケルの実像、といっても、もともと実在していない架空の人物であるから、その人物の実像といわれても、と思う方が多いのであろうが、じつはいまから七十年以前までは実在していて、小学校の国史の教科書で取りあげられていた。しか

も、長々と語られている。

それもそのはずで、九州の南の方に住んでいたクマソを討ったあと、つぎには東の方のエミシ（蝦夷＝エゾと読ませている）を討ち、その途中では駿河《するが》国（静岡県）で、「わるものども」をすっかりほろぼすというように、日本列島を西へ東へとかけめぐっている。

昭和十年（一九三五）に文部省によって発行された小学校の国史教科書には、後半の東日本を征討した際の足跡まで、順路を入れた地図をのせているので、誰も疑う余地はなかったはずである。

その教科書のなかから、クマソを討ったときの文章を、なるべくそのまま引用してみる。

第十二代景行《けいかう》天皇の御代《みよ》になって、九州の南の方に住《す》んでゐる熊襲《くまそ》がそむいたので天皇は御子の小碓尊《をうすのみこと》にこれをお討たせになつた。尊は御生まれつきくわつぱつで、その上御力もたいそう強い御方であったから、この頃まだ十六の少年《せうねん》でいらつしやつたが、おほせを受《う》けると、すぐ九州へお出かけになつた。熊襲のかしらの川上《かはかみ》のたけるは、かうしたことがあらうとは夢《ゆめ》にも知らず、大勢のものといつしよに酒を飲んで楽しんでゐた。尊は御髪《おんかみ》をとき、少女《せうぢよ》の御すがたになつて、たけるに近づき、劍をぬいてその胸《むね》をお刺《さ》しとほしになつた。

ここに出てくる「小碓尊」が、のちの「日本武尊《やまとたけるのみこと》」である。

このヤマトタケルの話は、『古事記』にも『日本書紀』にも記されているが、この教科書のように幼少期からすぐれた人物であったのであろうか。

そのようすを、少し『古事記』にのぞいてみよう。

ある時、ヲウスは父（景行天皇）のいいつけを受けて、朝夕の食事を一緒にとるように、兄に伝えたのであったが、それから五日経ても兄は出てこなかった。そこでヲウスは兄が朝方厠《かわや》に入るのを待ち、捕《つか》まえて手足をもぎ取って、薦《こも》につつんで投げ棄《す》てた、というのである。

そこで、天皇はヲウスの猛猛《たけだけ》しく荒い情《こころ》を恐れて、ヲウスに「西の方にクマソタケルが二人いて、天皇に従わず無礼な者どもである。かれらを討ち取れ」といって西に遣わした、という。

また、クマソ兄弟二人を殺すさまは、きわめて残虐《ざんぎゃく》であるが、その話は前に詳述したことがあったので、ここでは止《よ》すことにしたい。

ヤマトタケルの実像が、少しは見えてきたであろうか。

三章　楯の文様の源流をさぐる

隼人の楯が出たぞ

一九六四年（昭和三九）三月、奈良平城宮跡の発掘調査現場では、ちょっとした緊張があった。

宮跡南西隅の一角を掘り下げたところ、方形状の井戸枠《わく》が見えてきたので、さらに掘り下げて井戸枠を取りあげてみると、背面に文様のあることを発見したのであった。

これが、のちに世に知られるようになった「隼人の楯」の出土であった。三月十三

井戸略図

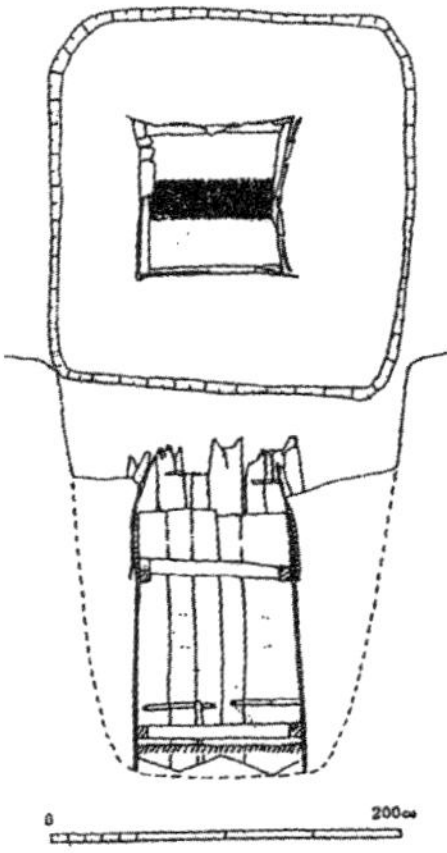

（奈良国立文化財研究所の報告書より）

日のことであったという。

　しかし、出土した板状の遺物が「楯」らしい、ということはわかっても、それがどこで用いられていたのか、また渦巻《うずまき》状の文様が何を意味するのか、さらには、なぜこんな所から出土したのか、わからないことが多くあって、ナゾの遺物であった。ところが、それから十日後に、京都大学の小林行雄先生が、『延喜式』隼人司条に記載の楯と一致することを教示されたという。

　小林先生は考古学者として著名であったが、文献にも通じておられたことに、筆者自身あらためて敬意をおぼえたことであった。というのも、当時小林先生は大学での地位には恵まれていなかったものの、学識の深さと指導力においては尊敬を集めていて、若い研究者たちに慕われていたからである。

　その小林先生が指摘された『延喜式』隼人司条の「楯」についての部分を引用すると、つぎのようである。

楯一百八十枚。枚別長さ五尺。広さ一尺八寸、厚さ一寸、頭に馬髪を編著し、赤白の土と墨を以て鉤《かぎ》形を画く。

通釈してみると、隼人司には楯を一八〇枚準備しておく。楯は縦一五〇センチ、幅五四センチ、厚さ三センチで、その頂部には馬のたてがみを飾り付け、

表面全体には赤・白と墨（黒色）で鉤《かぎ》形（渦巻《うずまき》文）を描く。

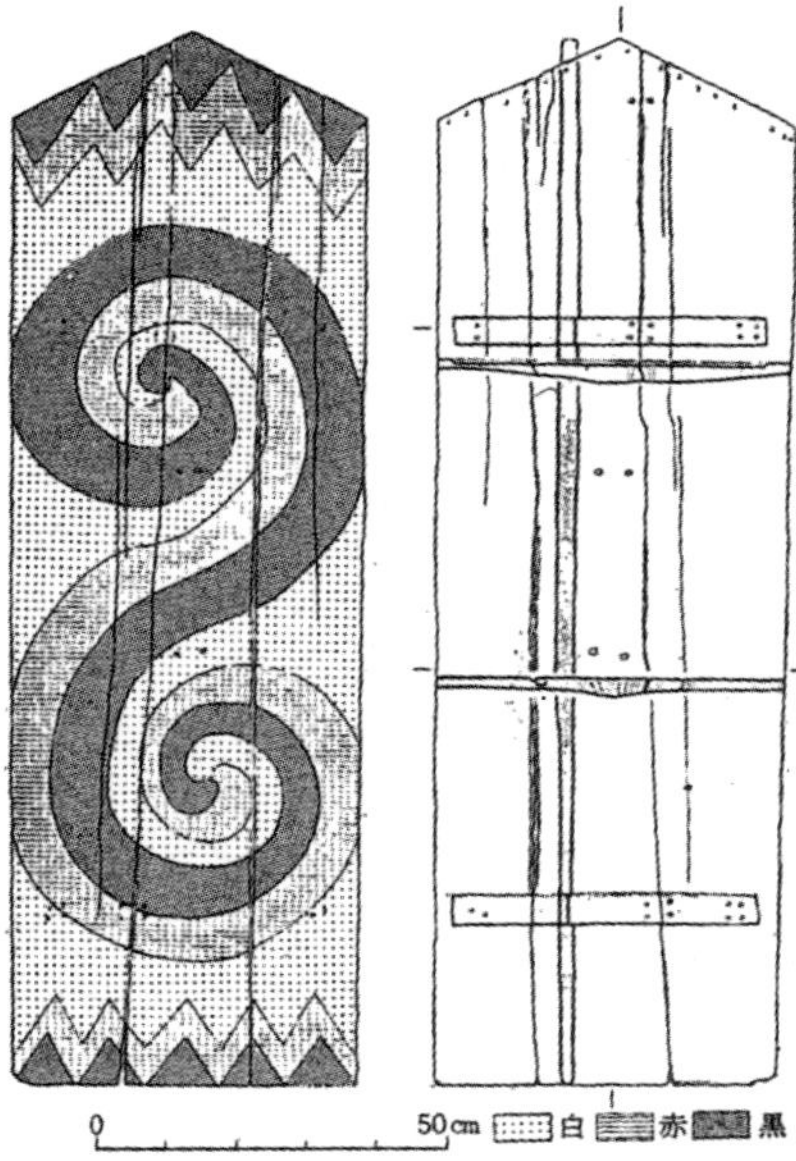

隼人の楯　実測図（1 例）

とあって、出土した楯の大きさや文様がそれにほぼ一致していた。ただ、厚さだけは全体に少し不足していた。

楯の出土から五十年

筆者は、学生時代に平城京跡のすぐ北に下宿していたので、朝夕この遺跡発掘調査のようすを見てきた。しかし、一九六二年（昭和三七）には学業を終えて、鹿児島で教職についていた。

その二年後に楯は出土したので、その現場を見ることはできず、友人からの連絡で出土位置や、楯の文様などの概略を知ることができた。その後、楯についての情報が各方面から入るようになり、一九七八年（昭和五三）には、筆者自身の著作『隼人の楯』を学生社から刊行したのであった。

二〇一四年は、楯の出土から五十年であった。そこで同年三月に奈良を訪れた。奈良には毎年一、二度は足を踏み入れているが、そのときはなるべく楯出土の三月に合わせての訪問を試みたのであった。といっても、楯出土と同じ日付と合わせることはできず、楯出土の現地近くに臨み、心中ひそかに出土満五十年のお祝いをしたのであった。

筆者は、「隼人」をテーマにライフワークのごとく、のらりくらりと研究をしてきたが、それはほとんど文献を拠りどころとしたものであった。一三〇〇年前に生存していたことになっている隼人像の幻影を求めて、追跡してきたともいえよう。

ところが、五十年前に、隼人が手にしていた楯が、この世に再生してきたのである。それも筆者の生存期間中に、たまたま出現したのであった。筆者にとっては「奇《く》しくも」といえる「巡り合わせ」であった。

この楯の出土からしばらくすると、楯のレプリカ（模造品）が作られるようになった。

平城京跡の展示館がその最初と思うが、南部九州の展示施設では、宮崎県立総合博物館がいち早く展示するようになった。前館長の柳宏吉先生の構想で楯の展示を企画されたのではないかと想像するのであるが、残念ながら地元の鹿児島県の展示施設（黎明館など）では、楯を県民に紹介するのが、かなり遅れることになってしまった。

ちなみに、筆者が一九七九年（昭和五四）にＮＨＫテレビ（九州特集）で「隼人の楯」に出演して、楯の紹介をしたのであったが、その際は宮崎県立総合博物館から鹿児島のＮＨＫスタジオに楯を運んで放映したのであった。また、宮崎から職員が付き添って来ていて、楯の取り扱いを見守っていたのが、印象に残っている。

さらにつけ加えると、宮崎の楯はレプリカとはいえ、裏面まで完全に復元しており、テレビではその裏面まで映していた。裏面には文字や絵が落書風に刻まれており、それなりに貴重な資料といえるものである。ところが、ほかの展示施設では裏は見えにくいようになっている。

楯のレプリカは、やはりどこまでも模造品でしかない。

そこで筆者は、出土した実物を見たい旨を当時の奈良国立文化財研究所の知人らに相談していたところ、同研究所のＫ氏の仲介で実現することになった。一九八五年（昭和六十）六月のことである。

Ｋ氏から研究所の第一収蔵庫に案内されて、そこに厳重に収納・保管されている出土した実物の楯を観察することができた。

楯は一枚ずつ、畳よりやや小さい木箱にビニールを張り、底面に水を満たして、その水に浸して収納されていた。三寸角ほどの柱を組み合わせた棚に置かれた各木箱の一つ一つを手前に引き出すには相当な腕力が必要であり、K氏には迷惑をお掛けしたが、筆者はようやく長年の願いがかない、楯に対面して感激した。

その後、楯はどうなっているだろうか、と時に気にかかってはいるが、当時の研究所の知人らはすでに定年になって研究所を離れているので、尋ねることもないまま、今日にいたっている。

楯の文様のなぞ

まず、井戸枠に使用されていた楯の出土状況の概略を、直接担当・指導された坪井清足さんの文章から、その一部を引用してみたい（平凡社刊『日本民族と南方文化』に「隼人楯」の題で執筆）。

この井戸の形式は、古代から現代の野井戸にいたるまで、もっとも一般的な縦板形方形井戸で、通常二〇～三〇センチの板を縦にならべて井戸の四方の側板にしてい

出土した楯と復元文様（宮跡絵はがきより）

る。

その側板に、各辺二枚ずつの隼人の楯が使われていたから、計八枚を利用したのであるが、それが上段と下段の二段になっていたので、総計は十六枚が使用されていたことになる。

楯はいずれも頂部を下にしていた。しかし、上段の八枚は井戸が廃棄された時か、それ以後に、つきくずされ、ほとんど上半部が破砕されており、下段の八枚が定形を残していた。

したがって、下段の八枚を主としてその形状・計測値と文様などが出土資料として提示されている。

まず、隼人の楯は「長五尺、広一尺八寸」と『延喜式』隼人司条に記され、その実測値も、高さ約一五〇センチ、幅約五〇数センチあり、大形である。したがって、その用途は手に持つ楯（持楯《もちだて》）ではなく、地面に据え置いて使用する置楯《おきだて》である。

その大形楯の表面に、上下に鋸歯文《きょしもん》（連続三角文）、中央に渦巻文《うずまきもん》を二個連続させた文様は、特異なデザインのようでもある。さらに、楯の頂部には馬髪を編著《へんちゃく》させていたというから、野性味を見せつけてもいる。各楯の頂部にはその編著に用いられたとみられる小孔が多数穿《うが》たれてもいた。

それでも、古代の楯に鋸歯文をデザインした例はいくつかあり、さきの坪井さんが同論文のなかで例示している。そのなかで注目されるのは、大阪府豊中市の狐塚古墳から出土した楯で、上下に五個ずつの鋸歯文を配し、両側にも内側に向いた鋸歯文を用い、この鋸歯文は大・小の三角形を重ね合わせ、大・小の色を赤と黒と互いちがいに配している。したがって、隼人の楯の上下のデザインときわめて近似したもので、隼人の楯の上下端にみられる鋸歯文は、四世紀以来の古い伝統を八世紀までも伝えたものといえよう、と結んでいる。

唐草文か　貝殻文か

いっぽう、楯中央部の渦巻文についてはどうであろうか。その源流については二つの説が有力である。一つは唐草文《からくさ》からの発展とみる説と、他の一つは貝殻文からの発展とみる説である。

前者の例では、薩摩国分寺の創建時に使用された軒先平瓦の文様がある。薩摩国分寺の創建は八世紀の終りごろと推測されている。また同瓦の唐草文の下部には鋸歯文があって、文様の組み合わせとしては、隼人の楯に類似してもいる。

ところが、このような文様とその組み合わせの瓦は、大宰府跡でも観世音寺でも出土しており、さらには藤原宮跡や畿内のいくつかの寺院でも出土していて、薩摩国分寺の瓦の文様は、これらの役所跡、宮跡や寺院から、その瓦のデザインが伝播したものとみられる。ただし、薩摩国分寺の瓦は、国分寺跡の北東約一キロの鶴峯窯《つるみねかま》跡で焼かれたことがわかっており、そのデザインだけの流入とみられる。

なお、霧島市の上野原遺跡出土の約七五〇〇年前の「耳飾り」（ピアス式、直径約

耳飾り（上野原遺跡）

創建時の軒先瓦　薩摩国分寺

十二センチ）の表面には渦巻文が刻まれていた。

　つぎに渦巻文は貝殻文から発展したのではないかという説を紹介したい。

　まずは、いまから十年余り前に訪れた南西諸島徳之島の伊《い》仙《せん》町立歴史民族資料館（当時）の義《ぎ》憲和館長が、ご自分で構想し作製したという「隼人の楯」の原形である。

　楯の大きさは、平城宮跡から出土した楯とほぼ一致しているが、義館長によると、平城宮跡出土の楯を復元したものを見ると、あまりに演出効果をねらって、デザインや色彩がけばけばしいものになっているというのである。

　館長によると、渦巻文の原形は貝殻であり、楯は貝の呪力を発揮するものでなければならないの

義館長が作製した隼人の楯の原形

で、自分の考えた通りに作製したものだといわれた。それが写真のようなものであり、ご自分で資料館の前へ楯を運び出して、筆者のカメラにおさまった。ついでに筆者が、機会があったら、この楯を研究者に紹介してもいいですか、と了承を求めたところ、「中村さんならいいですよ」と承諾されたので、、ご本人の容姿とともに、ここに紹介させていただいた。

おそらくは、これより二五年ほど前に、筆者が『隼人の楯』という小著を出していたので、写真を紹介することを承諾して下さったのであろう。

南島人に好まれた渦巻文

奄美・沖縄諸島には女性が成人前後になると手の甲に入れ墨をする習俗があった。それを「針突《はづき》」という。「針突」は明治初年には禁止されたというが、厄除《やくよ》けや護身に効力があるとされて根強く残存し、昭和初年（一九三〇年代）までは多く見られたという。筆者も昭和三十年代の終りに奄美各地を旅した折に、たまたま高齢の女性の針突を目にしたことがあった。

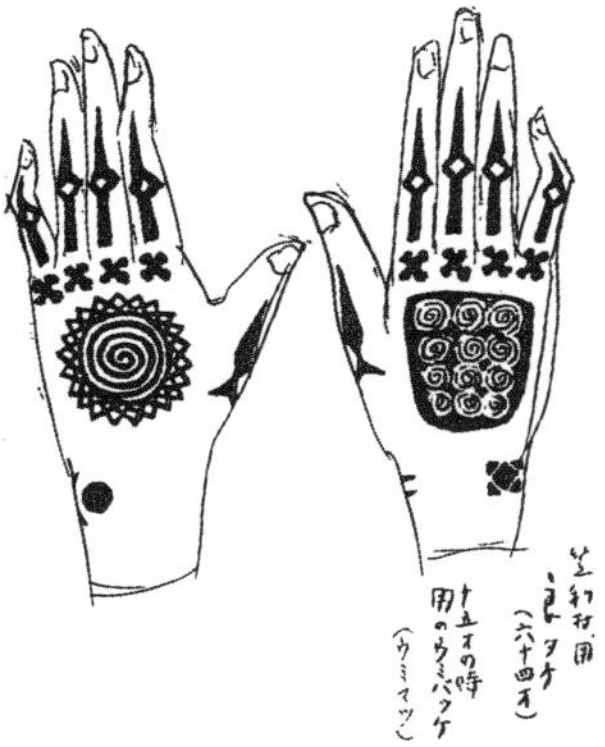

針突文様の１例（左・右の手の甲）

このような針突の実態を、昭和初年に調査した記録を提供されたことがあり、興味深く拝見し、現在も筆者の手元に保存している。

まず、調査概要から記すと、調査の年は「昭和五年」（一九三〇）となっており、調査地域は奄美大島北部の笠利《かさり》・竜郷《たつごう》二村である。

二村のうち、女性高齢者（当時60代～90代）の三四名から手の甲の針突が見つかり調査された。三四名が二村の該当年齢女性のどれくらいの割合かは不明であるが、かなり多い数ではないかと推測している。

三四名が針突を施したのは10代～20代の時であったというから、多くは明治時代であろうか、と思われる。

ところで、調査者が描写した三四名分の針突を見ると、渦巻文様が多いことに驚かされる。

手に入れ墨をする習俗は時代的にはいつまでさかのぼれるのであろうか。

かつて、考古学者の森浩一先生が京都府綴喜《つづき》郡の古墳出土の人物埴輪顔面に多くの直狐《ちょっこ》文類似の文様が刻まれていたことから、隼人の入れ墨埴輪と断定されたことがあった。また、文献に隼人が入れ墨をしていた記事があるかのごとく述べてもいる。

しかし、隼人が入れ墨をしていた記事は見出されない。ところが、それを南島あるいは琉球に地域を転じて見ると、中国の文献が散見される。

『隋書』琉求国伝によると、その一節に、

婦人以墨黥手、為蟲蛇之文

とあり、この琉求を沖縄のこととすると、沖縄では六・七世紀の早くから女性が「黥《げい》」すなわち入れ墨をする習俗があったことが知られる。また、十六世紀半ばの成立とされる『使琉球記』によると、

女子自幼、即黒点於指上、年々加刺、至十二・三出嫁時、意成梅花

この記事によると、女子は幼時より指に黒点をつけ、年々追加して十二・三歳の出嫁時になって梅花の文様になる、と解釈されよう。

このような文献から見ても、南島あるいは琉球の入れ墨の習俗は古い伝統をもつことが知られよう。その伝統の名残りが、昭和初期の調査の対象になったとみられる。

ところで、その入れ墨の文様の源流は、どこに求められるであろうか。

それはやはり、義憲和館長が発想された貝殻文ではないか、と筆者は思っている。館長が創り出した楯全体の構造はひとまずおいて。

貝の呪力とその光沢に魅せられてきた原始・古代人の大形貝に対する強いあこがれは、多様なデザインに発展し、身辺を飾り、随所に採用されてきた。

そのような発展したデザインの一例が、平城宮出土の楯の渦巻文であろう。

また、上下の鋸歯文は、楯本来のデザインの一例とみてよいのではないだろうか。

隼人周辺の渦巻文様

隼人が王権に服従し、その後利用された要因は、隼人が発揮する呪力にあった。その呪力は種々なる形・方法で発せられる。その代表的一例が狗吠《くはい》である。

ところが、『延喜式』記載の大儀（元旦・即位・大嘗会など）の際は、隼人の服属儀礼を通じて、儀式の場での演出効果をはかり、過剰な振り付けが強制され、添加されている。

白赤木綿《ゆふ》耳形鬘《ばん》・緋帛肩巾《ひはくひれ》などがその代表例であり、さきの楯の渦巻文の文様もそれに加えられる。いずれも可視的効果をねらったものであろう。

白赤色の木綿（楮《こうぞ》の皮から作った糸）で作った耳形の鬘（髪飾り）と記されている

その「耳形」とは、おそらく渦巻文の大・小を上下に連結させ、一見して耳形に見え

るように作られた飾りであろう。

また、緋帛（赤色の絹織物）の肩巾は、古代の一般的な肩巾（女性が両肩から垂ら

す帛《きぬ》）が白色に限られていたにもかかわらず、目立つ赤色を用いている。また、隼人

には、本来肩巾を用いる習俗は見出せず、『延喜式』が記述する隼人着用の装束は、

いずれも隼人の土俗的風俗とはかけはなれたものであった。

それらのなかで、隼人的なものを見出すとするならば、それは「渦巻文様」であろ

う。

その渦巻文様も大形巻貝の貝殻が、やはり源流であろう。

巻貝が腕輪をはじめ多様に利用されてきたことは、弥生時代以後の遺跡にみられる

その加工品などで広く知られているが、それが呪術と深くかかわっていたことは、疑

う余地がない。

また、その原材料は南島産の貝であった。隼人の居住地域は、隼人以前からその大

形巻貝の産地と交流があった。

四章　ヤマタイ国は鹿児島だ①

ヤマタイ国論争

ヤマタイ（邪馬台）国論争の歴史は長い。

すでに三百年もその論争は続いているが、いまだに決着はつかないままである。表面的には、畿内大和説と北部九州説が有力とされるが、そのいっぽうで日本列島各地にヤマタイ国の所在について追求し、自説を展開する人びとがいて、それぞれの主張を発表している。なかでも出雲説はかなり強力である。

このような個々の主張をすべて取りあげると、日本国中にヤマタイ国が分布するこ

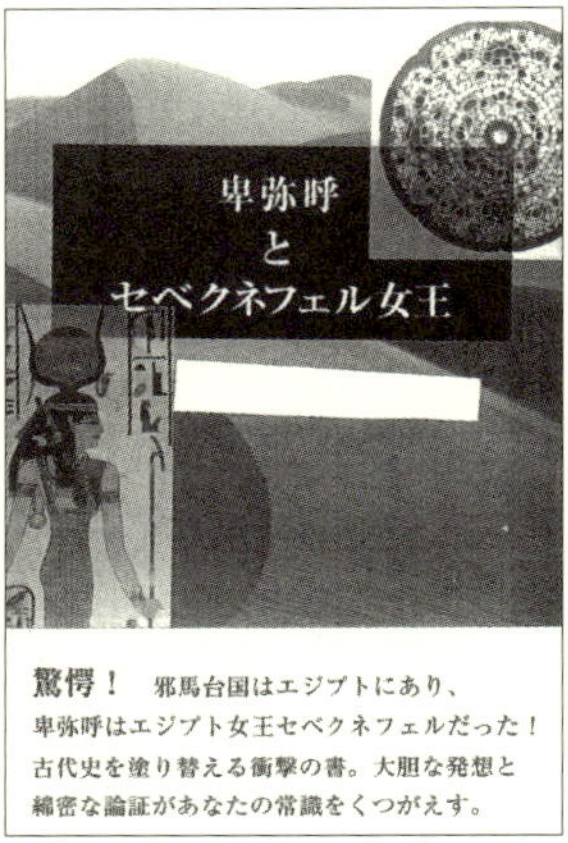

「ヤマタイ国はエジプト」とする著作の表紙

とになりそうである。

鹿児島県内でもあちこちにヤマタイ国があり、なかにはヒミコ像やヒミコを祭る神社まで造られている。

数年前に筆者のもとに届けられた二冊の書物では、その所在をヨーロッパやエジプトの、ある地に求めて、筆者に読後の所感を、と求められたことがあり、困惑したことがあった。筆者にはヨーロッパやエジプトの、それもある特定の地の古代史は全く未知の世界であり、ただ著者らの熱意にほとほと感じ入った次第であった。

ヨーロッパやエジプトまでは行かなくても、アジアの中にヤマタイ国を求めることは、これまでにもあった。例えばジャワ・スマトラに求めて文献によって立証を試みてもいる。

ヤマタイ国は大隅国囎唹郡

三百年にもわたるヤマタイ（邪馬台）国論争史を概観してみよう。
その発端は新井白石《あらいはくせき》である。白石は、はじめは筑後山門《やまと》郡としたが、のちに大和説に転じている。つぎは本居宣長《もとおりのりなが》でヤマタイ国は筑紫としているが、その背景については詳細な叙述はない。その後、伴信友《ばんのぶとも》は大和説である。

このようにヤマタイ国所在地については、その初期の段階から、九州説と大和説に分かれていた。ところが、つぎの鶴峰戊申《しげのぶ》になると、大隅国囎唹郡説が唱えられた。この説は突飛《とっぴ》なものではなく、明治・大正時代になっても吉田東伍《とうご》や那珂通世《なかみちよ》など著名な学者たちが囎唹郡説を主張している。

南部九州の居住者、あるいはこの地に何らかの縁のある人にとっては、囎唹（曽於）にヤマタイ国があった、という説は興味をいだかざるを得ないであろう。

囎唹説を唱えた学者の中でも、もっとも詳細に、かつ自説を展開させた学者は鶴峰戊申である。したがって、鶴峰説はあとでとりあげ、吟味することにしたい。

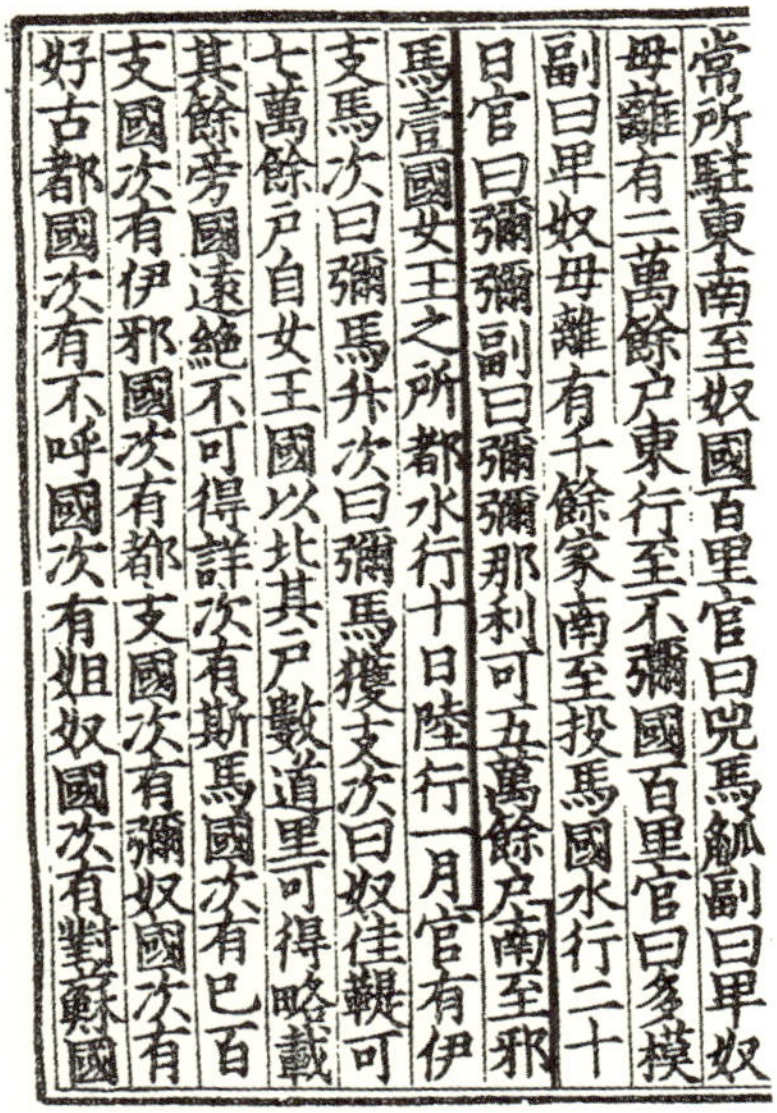
常所駐東南至奴國百里官曰兕馬觚副曰卑奴
母離有二萬餘戸東行至不彌國百里官曰多模
副曰卑奴母離有千餘家南至投馬國水行二十
日官曰彌彌副曰彌彌那利可五萬餘戸南至邪
馬壹國女王之所都水行十日陸行一月官有伊
支馬次曰彌馬升次曰彌馬獲支次曰奴佳鞮可
七萬餘戸自女王國以北其戸數道里可得略載
其餘旁國遠絶不可得詳次有斯馬國次有巳百
支國次有伊邪國次有都支國次有彌奴國次有
好古都國次有不呼國次有姐奴國次有對蘇國

『魏志倭人伝』のヤマタイ国への行程記述（部分）

吉田東伍は幕末に越後（新潟県）に生まれ、明治・大正時代を通じて、歴史学・地理学の分野において創造的研究を発表し、早稲田大学教授をつとめた。なかでも『大日本地名辞書』は日本全国にわたる地名を歴史的に調べて、大部の辞書として刊行したもので、いまでも利用されている。筆者もときに、その中の「西国篇」を中心に恩恵を蒙っている。かれには学歴というものがほとんどなく、独学かつ独力で研究をなし遂げたというから、驚異というほかはない。

また、那珂通世は慶應義塾出身の東洋史学者で、東京高等師範学校教授をつとめ、東京大学講師を兼任した。中国史・朝鮮史などに基盤をおきながら、日本史を比較研究し、「神武紀元は後世の作為」とする論証から『日本上代年代考』を著し、明治後半期の学界に大きな波紋を投げかけた。

著名な実証的学者たちによる嚕吩郡ヤマタイ国説であるから、それなりに裏付けがある。それは『魏志《ぎし》倭人伝』を忠実に読んで、「邪馬台国」の所在地を検討した結果によるものであった。そこで、筆者とともに『魏志倭人伝』のヤマタイ国に至る道程の概略を、一緒に読んでみよう。

邪馬台国への道程

倭人《わじん》は帯方《たいほう》（朝鮮半島の郡名）東南の大海の中に在り。（中略）帯方郡より倭に至るには海岸にしたがいて水行し、韓国を歴《へ》て、あるいは南し、あるいは東し（中略）、始めて一海を渡ること千余里にして対馬国に至る。（中略）また南一海を渡ること千余里にして壱岐国に至る。（中略）また一海を渡ること千余里にして末盧《まつら》国に至る（松浦で唐津か）。（中略）東南陸行五百里にして伊都《いと》国に至る。

（中略）東南奴《な》国に至るに百里（糸島半島を経由して福岡市か）。（中略）南投馬《とうま》国に至るには水行二十日。（中略）南、邪馬台国女王之都する所に至るには水行十日陸行一月。（下略）

以上が、朝鮮半島から対馬・壱岐を経由し、佐賀県唐津付近に上陸し、糸島半島さらに邪馬台国へは、南へ「水行十日陸行一月」とある。糸島半島・福岡市付近か（博多湾の西）・福岡市付近から邪馬台国に至る行程の概略である。ら南へこれだけの行程をとれば、どんなにゆっくり進んでも九州の南部か、九州からはみ出しそうである。

その一帯で邪馬台国にふさわしい勢力を見出すとなると、クマソか、曽君《そのきみ》の父祖が浮上してきたものと思われる。その勢力地域は、のちの大隅国囎唹郡ということになる。

『魏志倭人伝』に記されている邪馬台国は三世紀に倭国に存在したことになっている。日本の時代区分では、弥生時代の後期に相応することになる。その時期を念頭においてて、その所在地を想定しなければならない。

論争の展開と推移

ヤマタイ国論争の展開と推移を概観すると、種々の側面が見える。

まずは、東京大学系と京都大学系である。研究者の出身大学によって、ヤマタイ国の所在地の主張が分れる。京都大学系が畿内説を主張するのは、ほぼ想像できる。ところが、東京大学系には九州説が多い。両者の論争の歴史は明治時代にさかのぼる。京都大学系では内藤虎次郎（湖南）、東京大学系では白鳥庫吉《しらとりくらきち》に始まる。また、両大学それぞれの出身者はその後継者的様相を呈するが、なかにはこの論争に無関心な研究者もいる。

そのいっぽうで、自己の出身地や居住地、あるいはその周辺の地域をヤマタイ国と主張する人びとがいる。九州島原出身の宮崎康平や、北部九州に居住していた松本清張などがその例である。

したがって、ある側面ではヤマタイ国論争は人情・感情など「情」で動かされているのではないか、と思われるところもないわけではない。ということは、それだけ決定打が見出しにくい論争でもあった。

ところが、有力打者と思える者が出現したように見えたのである。

「親魏倭王」印がカギか

三世紀という、弥生時代の後期にヤマタイ国の女王ヒミコは、なぜ中国の魏と通交し、遠路はるばる使者を派遣したのであろうか。それも回を重ねて。

そこには、当時の中国中心の世界観と国際関係があった。中国は世界の中心にあり、文明がもっとも発達した、最強の国であり、周辺は劣等諸国であり、かつ中国に従属した諸国であった。

いわゆる中華思想で世界秩序は成り立っていたのであった。皇帝（天子）は中国に唯一存在し、周辺諸国にはその皇帝に従う、それぞれ王が存在し、王たちは中国皇帝に定期的に貢物《みつぎもの》を献上する朝貢を行なうのが当然であり、慣例とされていた。

世界の中心に位置するのが中華（中国）であり、四方の諸国は東夷《とうい》・南蛮・西戎《せいじゅう》・北狄《ほくてき》と呼ばれ、倭（日本）は東夷のなかの一国であった。したがって、ヤマタイ国の女王ヒミコは、東夷の一国の王として、魏の皇帝に朝貢を続けていたのであった。

景初三年(二三九)の倭王ヒミコの遣使の貢物は、班布(まだら模様の布)と奴隷(男四人・女六人)であった。それに対し中国皇帝(明帝)はヒミコに「親魏倭王」の金印と、使者には銀印を与え、加えて赤地の龍をふちどった錦、そのほか毛織物など、さらに銅鏡百枚など大量の物品を賜った。

倭王からの貢物に対する魏の皇帝の賜物(頒賜《はんし》・回賜《かいし》などという)は莫大なもので、そこにも皇帝の権威と権力の強大さが誇示されている。

これらの物品のなかでとりわけ注目されるのは、「親魏倭王」の金印と銅鏡百枚である。いずれも金属製品であるから、これらが発掘され、出土する可能性を秘めている物品である。なかでもヒミコに賜った「親魏倭王」の金印が出土すれば、その出土地域がヤマタイ国ということになろう。

その金印はいまだに見つかっていない。もしそれが出土すれば、これまでのヤマタイ国論争に終止符が打たれることになる、と多くの人が考えた。

ところが、もし出土したとしても、その場合の反論がすでに用意されている。というのは、金印は簡単に運搬され、移動できるものであるから、元の所在地から出土するとは限らないといえるからである。なるほどそうか、としかいいようのない論法である。

その一例の場合をあげてみよう。

『古事記』『日本書紀』によると、第一代の神武天皇は南部九州で誕生し、成長してから畿内大和に遷《うつ》り、即位したという。いわゆる神武東遷《とうせん》（東征）の記述である。この記述は、ヤマタイ国九州説を唱える人びとの一部の間では、ヤマタイ国は元々九州であったが、その後畿内大和に遷った事実が反映されたものであるという。

したがって、女王ヒミコが魏の皇帝から賜った種々の宝物も、一緒に大和に運ばれたと主張するのである。

ヤマタイ国出雲説の浮上

ヤマタイ国所在地論争を、さらに複雑にしたのは、一九八〇年代から九〇年代にか

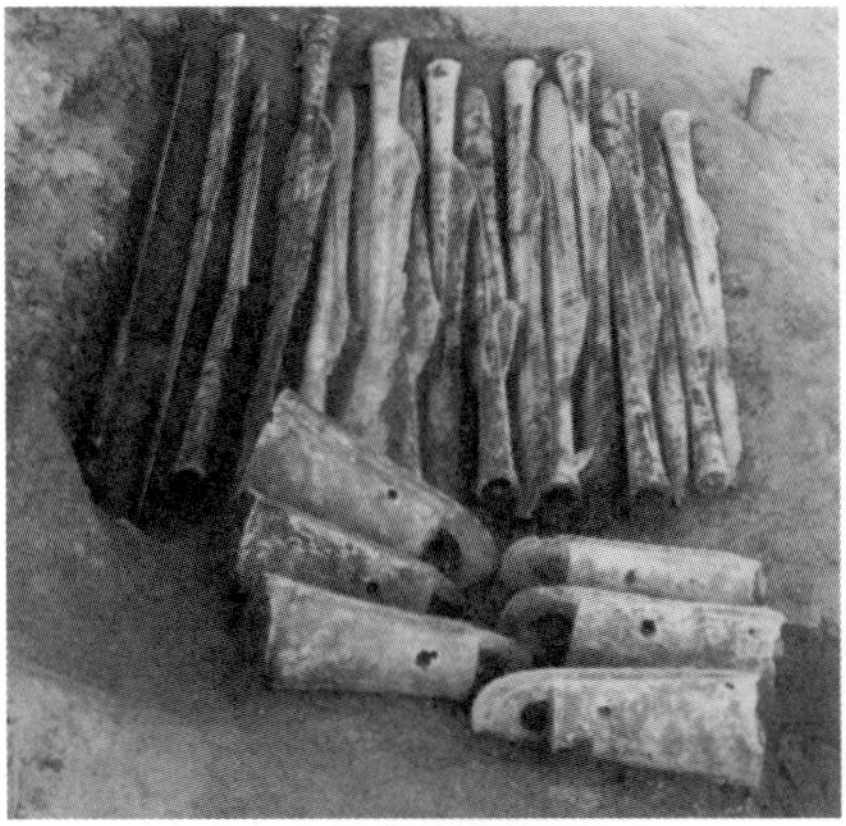

荒神谷遺跡出土の銅鐸と銅矛①

荒神谷遺跡出土の銅剣 358 本②

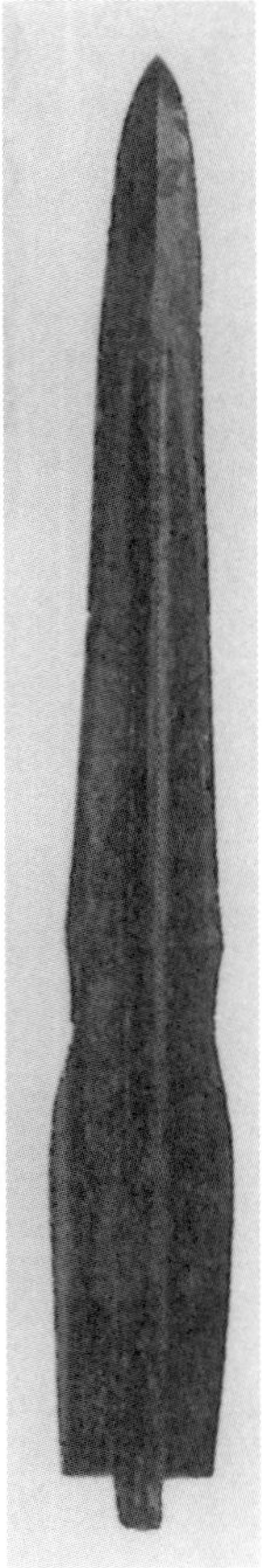

銅剣（1 例）

加茂岩倉遺跡出土銅鐸（国宝）

けて、出雲（島根県）の地域から弥生時代の注目すべき遺跡が二か所発見されたことである。

その一つは、神庭《かんば》荒神谷《こうじんだに》遺跡で、一九八四～八五年にわたって調査され、銅剣三五八本・銅矛《ほこ》十六本・銅鐸《たく》六個が出土し、これら青銅器の大量出土は未曾有のことで、研究者ばかりでなく、多くの人びとを驚かせた。

さらには、一九九六年に荒神谷遺跡に近い加茂岩倉《かもいわくら》遺跡から、三九個の銅鐸が発見され、再び驚かされた。

この二遺跡によって出雲王権がにわかにクローズアップされることになり、ヤマタイ国論争は一時収拾がつかない状況を呈した観があった。

それまでのヤマタイ国の所在地論争の主流は、畿内大和か北部九州か、この二説であり、論争の過程では出雲に言及する論者もあった。しかし、出雲については論外と

吉野ケ里遺跡（復元模型）

する主張もあった。

ところが、出雲の二遺跡の出現によって従来の主張を忘れたように、豹変《ひょうへん》した論者もあった。そのいっぽうで、銅鐸は元来畿内中心の遺物であるから、出雲の王権は畿内王権の配下の勢力である、と主張の一部修正にとどまる論者が出てきた。

また、北部九州論を主張してきた人は、銅鏡・銅矛は北部九州を中心にその分布が認められる遺物であるから、出雲は北部九州の勢力の進出を示す、との主張も出てきた。

さらには、畿内大和と北部九州の両勢力の一部が出雲で合体して、第三勢力を生み出した、との新説も派生させている。

このような経過をたどっていくと、ヤマタイ国論争はこれからもまだまだ続きそうである。

北部九州ではその間に、佐賀県で吉野ヶ里《よしのがり》遺跡が復元され、他に例を見ない大規模な環濠《かんごう》集落が出現したことから、「ヤマタイ国はここだ」と早とちりの歓声があがったりしたが、吉野ヶ里はヤマタイ国に属していた三十国のなかの一国ではなかろうか、といわれて、その騒ぎも沈静化したようである。

『襲国偽僭考』の世界

もう一度、私共の住んでいる足元に目を転じてみよう。

すでに紹介したように、明治・大正期にヤマタイ国について「大隅囎唹郡」説を唱えた著名な二人の学者がいた。吉田東伍《とうご》と那珂通世《なかみちよ》である。この二人の説は、じつは江戸時代の学者鶴峰戊申《つるみねしげのぶ》の著作、『襲國偽僭考《そのくにぎせんこう》』に導かれて展開されたものであった。

そこで、鶴峰戊申とう人物とその著作の内容について見てみたい。

鶴峰戊申は天明八年（一七八八）、豊後国臼杵で生まれている。石仏で知られた町であるが、父は郷社八坂神社の神主で鶴峰宣綱。戊申は生年の天明八年の干支からとったものと思われるので、号あるいは通称であろう。名は和左治、彦一郎、そのほか字《あざな》や号（海西など）などが少なからず伝えられているが、父の名に通じる本名があるのではないだろうか。

上洛して、藤貞幹の門人山田以文・高田与清・平田篤胤らに学んだことから、国学にもっとも通じていたが、和漢のみならず、蘭学や仏教にも通じるという博覧強記であった。

二九歳から以後、甲斐・和泉・紀伊・近江・尾張・三河などをめぐり、五一歳のときに水戸藩主徳川斉昭の知遇を受け、晩年には藩士に列せられている。

戊申の著作は十指に余り、『語学新書』『神代文字考』『梵語新訳』などの標題を見ても、その博識ぶりが知られる。

『襲國偽僭考』は、文政三年（一八二〇）の著作で、天保七年（一八三六）に大坂で刊行されている。その内容は、本居宣長が『馭戎慨言《ぎょじゅがいげん》』で述べた、『魏志倭人伝』の邪馬台国とは筑紫の熊襲などの類が僭称した（いつわってとなえた）ものとする考えを継承し、発展させたものである。

そのすべて（刊本で六〇ページ）を、筆者はかつて自著で紹介し、その現代語訳を試みたことがある（拙著『熊襲・隼人の社会史研究』一九八六年　名著出版）

ここでは、その内容を「序文」を主に要約したい。

この書は、昔、（中国の）呉の流れをひく者が、わが国の西辺の地域に逃《のが》れて来て、その子孫が強大になり、錦のぬいとりのある絹織物を身につけ、城を築き、早くから漢字を用い、その首領はみずから王と称して、国号をたて、中国と通じ、あるいは新羅と通婚し、もし意に合わぬときは、触文《ふれぶみ》をして侵略を行なった。また、暦をつくり、年ごとの歴史を記し、寺を建て、銭貨を鋳造し、すべてにおいて日本の代表のふりをして、国としての格式をまねて、中国にだけ通用したいつわりの国のことにほかならない。

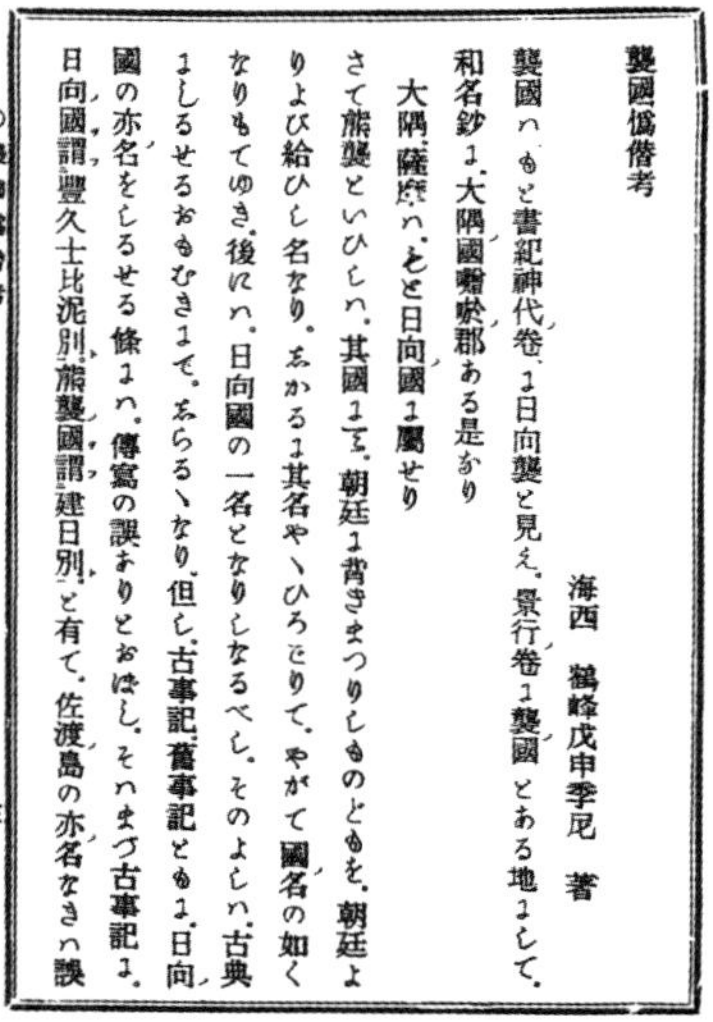
襲國偽僭考

海西　鶴峰戊申季尼　著

襲國ハもと書紀神代卷に日向襲と見え。景行卷に襲國とある地にして。和名鈔に。大隅國囎唹郡ある是なり

大隅薩摩ハ。もと日向國に屬せり

さて熊襲といひしハ。其國にて。朝廷に背きまつりしものどもを。朝廷よりよび給ひし名なり。しかるに其名やゝひろごりて。やがて國名の如くなりもてゆき。後にハ。日向國の一名となりしなるべし。そのよしハ。古典にしるせるおもむきにて。しらるゝなり。但し。古事記。舊事記ともに。日向國の亦名をしるせる條にハ。傳寫の誤ありとおぼし。それまづ古事記に。日向國謂。豐久士比泥別。熊襲國謂。建日別。と有て。佐渡島の亦名なきハ誤

○襲國偽僭考　三

『襲國偽僭考』　の文頭（部分）

襲国は、もと『日本書紀』神代巻に「日向襲」と見え、景行天皇の条に「襲

国」とある地で、『和名抄《わみょうしょう》』に「大隅国噌唹郡」とあるのがこれである。

大隅・薩摩は、もと日向国に属していた。

さて、熊襲といったのは、その国にあって朝廷に背いた者どもを、朝廷から呼んだ名である。ところが、その名がしだいに広がって、やがては国の名のようになっていき、のちには日向国の一名（別名）となったのであろう。

そんなことであったから、朝廷はしばしば征伐したのであったが、千年余りを経てもなお滅びず、元正天皇の養老四年（七二〇）の西征によって、ついに滅びたようである。

これらの事柄や年号などは、みな証拠が確実なものであるから、ここに論じたのであるが、戊申自身の見聞は少ないので、その所説はいまだ不十分である。しかし、その関連するところは重大である。

五章　ヤマタイ国は鹿児島だ②

明治・大正時代の論争

江戸時代、鶴峰戊申《しげのぶ》の『襲國偽僭考』は、ヤマタイ国を大隅国囎唹郡としたのであったが、この説を明治・大正時代に継承し、さらに独自の理論で展開させたのは那《な》珂通世《かみちよ》と吉田東伍《よしだとうご》であった。

なかでも吉田東伍は、地理・地誌においてもすぐれた業績をあげているので、その学説はかなり具体的である。また、吉田は学界への進出がきわめて特異で、多くのナゾを残したまま世を去っている。

その経歴については、部分的には前にも紹介したが、その全貌的人物像をここにあらためてとりあげることから始めて、かれのヤマタイ国論に歩を進めたい。

吉田東伍の奇才ぶり

吉田東伍（落後生・吉田東などを号とする）は、元治元年（一八六四）に越後国（新潟県）北蒲原《かんばら》郡に生まれ、小学校は卒業したものの中学では中途退学し、以後は独学で歴史学者として幅広く活躍した篤学の人である。刊行した単行著作二十余、論文三百数十篇という、その数の多さばかりでなく、その研究分野は政治・経済・法制・歴史地理・文化・宗教・文学などの多岐にわたり、時代的にも古代から近代にわたっている。

発表された著作・論文は、その質の高さにおいても評価されるところであるが、なかでも『大日本地名辞書』（一九〇〇年以後、全十一冊刊行）はその代表作で、今なお刊行され、後人の容易に追随し難い業績を残している。個人が独力で成し遂げたという意味でも驚くべき仕事である、と評されているし、かつては、若き日に一時北海道に渡り鮭《さけ》漁に従事したかれが、中央の学界に論文を寄せ、当時の文明史家田口卯《う》吉《きち》をして「好敵手」といわせるにいたったその才覚について、「突如、中央史学界に北海道の一鮭漁者から史学者と変貌して、学者たちに驚異の眼をひらかせるまでに、どこで、どうして、内外の史籍を入手、渉猟《しょうりょう》し、充分に咀嚼《そしゃく》し、蘊蓄《うんちく》したのか、それは永久の謎である」とまでいわせている。

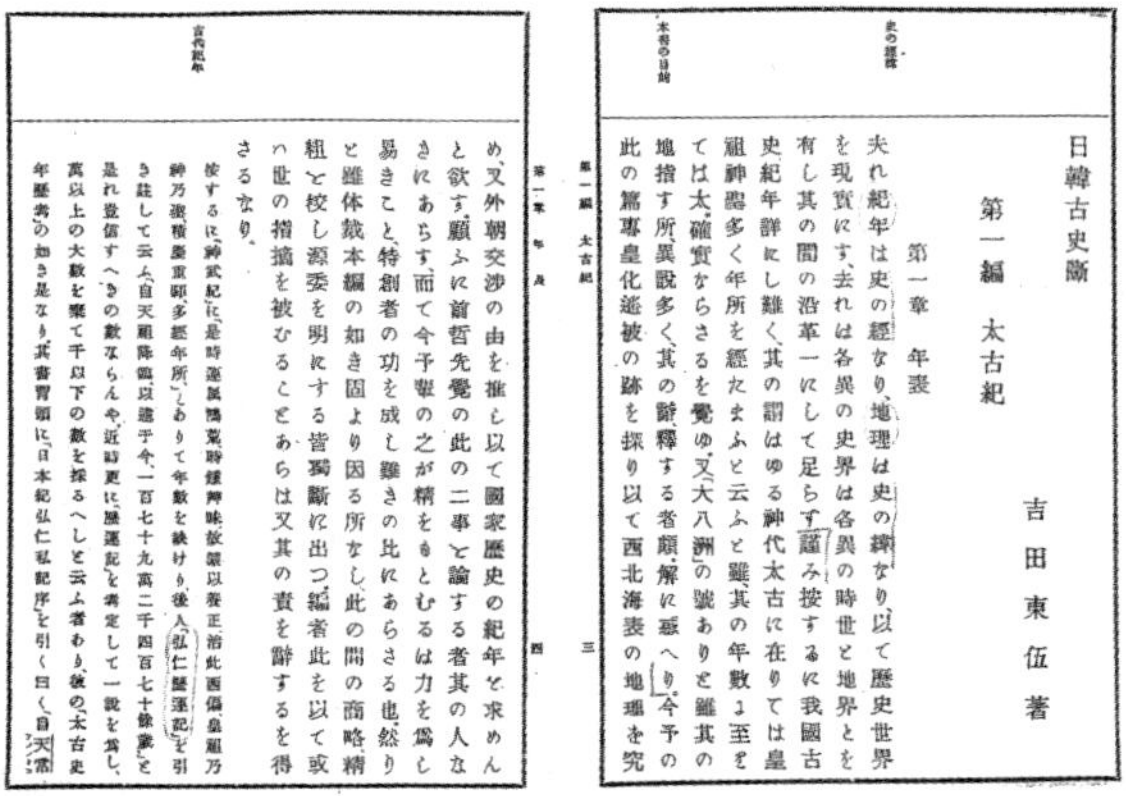
史の經緯　本書の目的

日韓古史断

第一編　太古紀

吉田東伍著

第一章　年表

夫れ紀年は史の經なり、地理は史の緯なり、以て歴史世界を現實にす、去れは各異の史界は各異の時世と地界とを有し其の間の沿革一にして足らす、蘊み按するに我國古史紀年詳にし難く、其の謂はゆる神代太古に在りては皇祖神聖多く年所を經たまふと云ふと雖、其の年數に至ては太確實ならさるを覺ゆ、又「大八洲」の號ありと雖其の地指す所、異說多く、其の辭釋する者頗、解に惑へり、今予の此の篇專皇化遂被の跡を採り以て西北海表の地理を究

第一編　太古紀　三

古代紀年

め、又外朝交渉の由を推し以て國家歴史の紀年を求めんと欲す、願ふに前哲先覺の此の二事を論する者其の人なきにあらす、而て今予輩の之が精をもとむるは力を爲し易きこと、特創者の功を成し難きの比にあらさる也、然りと雖体裁本編の如き固より因る所なし、此の間の商略、精粗を校し源委を明にする皆獨斷に出つ、編者此を以て或へ世の指摘を被むることあらは又其の責を辭するを得さるなり。

按するに、神武紀に、是時運屬鴻荒、時鍾草昧、故蒙以養正、治此西偏、皇祖乃神乃聖、積慶重暉、多歴年所、とありて年數を缺けり、後人「弘仁曆運記」を引き註して云ふ、自天祖降臨、以逮于今、一百七十九萬二千四百七十餘歳、と是れ豈信すへきの數ならんや、近時更に「曆運記」を審定して一說を為し、萬以上の大數を棄て千以下の數を採るへしと云ふ者あり、彼の「太古史年歴表」の如き是なり、其書冒頭に「日本紀弘仁私記序」を引く曰く、自天常

第一章　年表　四

吉田は『大日本地名辞書』の完成に十三年にわたり心血を注いだが、そこに引用された内外の史籍・地誌の類は数えきれないし、努めて出典を明示するその学問的態度には、おのずから主張の論拠と説得性をもたらしている。吉田は本書によって一九〇九年、四十六歳の時、文学博士の学位を得ている。小学校卒業の学歴で独学で学位を得、その間に早稲

吉田東伍
（1864–1918）

田大学教授として国史・地理を担当し、同大学の史学科の重鎮として研究・教育に活躍貢献したことは、まさに後人をして「驚くべき仕事である」といわせ、史籍の入手、渉猟《しょうりょう》・咀嚼《そしゃく》・蘊蓄《うんちく》するその能力の多才・多彩ぶりは「永久の謎」といわせしめても過言ではないであろう。学界に突如出現して二十七年、五十五歳で生涯を閉じているが、あと十年、長生きして研究生活を続けたとしたら、どれほどの業績を残したであろうかと、惜しまれてならない。

『日韓古史断』に囎唹説

かれの多岐にわたる著作のなかで、ヤマタイ国大隅国囎唹郡説は『日韓古史断《こしだん》』（一八九三年、冨山房刊）で論じられている。吉田はようやく三十歳になろうとしていたときの著作である。

吉田は、日本の古代史においては当然ながら『古事記』『日本書紀』を重視している。しかしながら、両書の冒頭に記されている神話の部分については、固執せず、また深入りを避ける態度がみられる。この点は、それ以前の歴史家の古代史叙述とは基本的に異なるところである。それ以前の歴史家ばかりでなく、吉田と同時代の歴史家、あるいはそれ以後の歴史家とも異なる、といった方がよいであろう。

それは、かれの史料に対する広い視座からの洞察とその批判、さらには深い吟味によって培《つちか》われた歴史的観察力のあらわれでもあるように思われる。

また吉田は、いかに歴史における「時」を重視しているかが、随所に見られる。『日韓古史断』の第一編から第五編のそれぞれの第一章は、東アジアを視野においた「年表」をあてていることに、その態度が如実に示されている。

すなわち、年表を見ると「本邦紀事」（日本）・「諸韓朝鮮紀年」（朝鮮半島諸国）・「漢暦配當」（中国諸国）・「西暦配當」などの各欄を横に連ねて年代を比較し、それに検討を加えて「私考時代」の欄を設けてそれぞれに私見を、簡潔に要点のみを記入している。

一例をあげると、紀元前一世紀と後一世紀にわたる年代の「私考時代」には、神武帝より崇神帝まで凡そ十世とす、故に今考定して三百年と為す。此の間は欠篇に録すべき所なれど参考に便す。

などの私見を入れている。したがって、ヒコホホデミノミコトが『古事記』で五百八十歳まで生存していた記述については、「信ずべからざるなり」といい、天祖（天照大神）より二尊（イザナギ・イザナミ）にいたる六世のなどの年数にいたりては、「到底記録に依りて考定し能《あた》はずと為《な》す也」とも述べている。

吉田は、「年表」を作成することによって、日本古代の歴史を普遍的・客観的に年代考証を試みた点において鶴峰戊申とは明確に一線を画していた。

それでも、ヤマタイ国を南部九州の大隅と考定し、囎唹地域と想定することでは戊申と同じ結論にいたっている。

なぜであろうか。

いずれもヤマタイ国にいたる『魏志倭人伝』の記事を順当に読んでいるからである。その記事では、朝鮮半島から対馬・壱岐を経由して、九州に上陸して「東南」方向へ進み、奴国《なこく》（福岡市付近）にいたり、以後は「南」へ進めば、水行十日陸行一月」でヤマタイ国、すなわち女王の都の地にいたるとある。

　この記事にしたがって「南」に進路をとれば南部九州となる。ただし、その道のりの記述には、日を月と誤った部分があり、「水行十日、陸行一日」とすべきである、と吉田は述べている。地理にも詳しい吉田は、つぎのように具体的に指摘している。

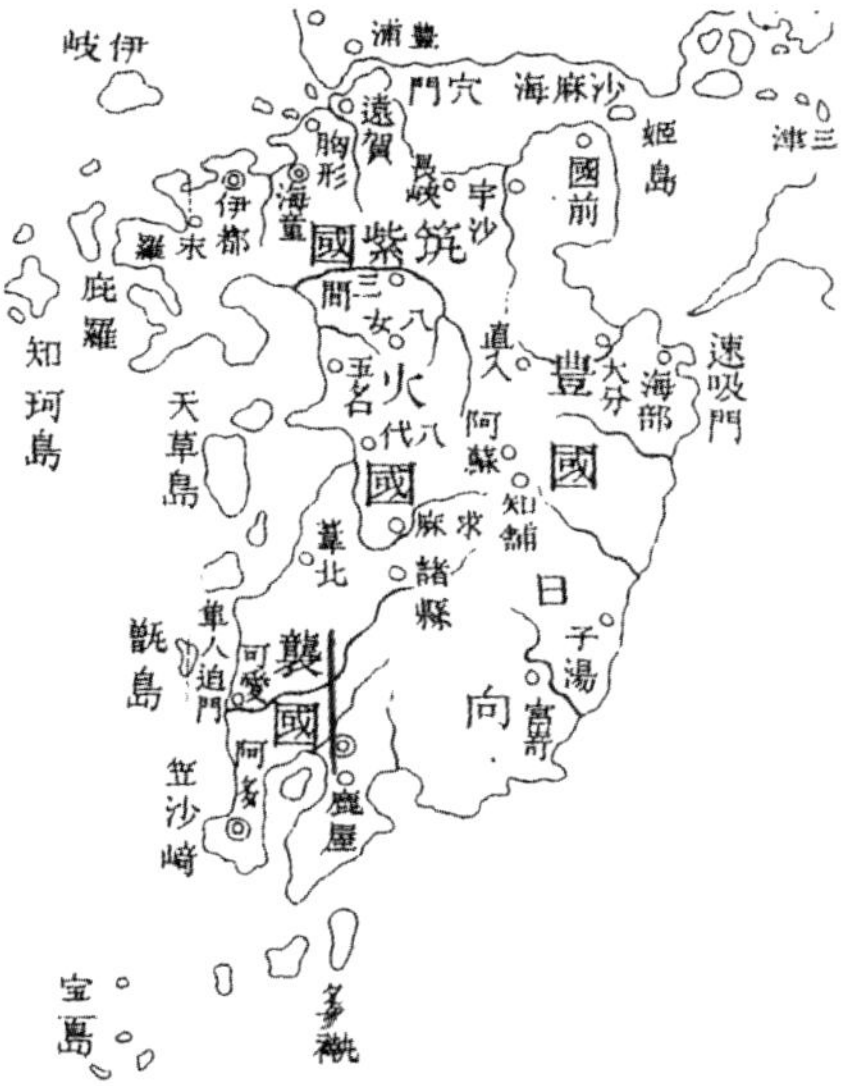

（前略）水行十日、陸行一月は既に隼人海峡（黒之瀬戸）を踰《こ》へ薩摩潟を渉《わた》り、囎唹に着とする者とす、然るに水行十日せば開聞の海角《はな》を迂回するも、ほぼ桜島の内湾に達し得べく、また別に陸行一月の長程に要せざるなり。因《よ》って疑ふ、月は皆日のあやまれるにや（下略）

要するに、水行十日、陸行一月」も進めば、九州内にとどまらず、さらに南へはみ出すことになりかねない、と疑っているのである。

その結果、行き着いた所が「噌唹」の地域であった。吉田はその「噌唹の形勢」について、つぎのように述べている。

其の耶（邪）馬臺と偽れる都邑、噌唹城は本皇孫彦火々出見《ヒコホホデミ》の舊都にして、高千穂の南西麓に在り、謂《イ》はゆる高千穂宮亦《マタ》是れのみ神武帝東遷の後、遂に隼人の大聚落となる。初め彦火々出見の皇兄火闌降《ホスセリ》は約して其の部衆を率《シタガ》へ子孫永く天皇《アマツヒツキ》に服従しまつらんと誓はせられしが、宗室東遷の後京師《ヤマト》筑紫忽《タチマチ》相隔離したり、然れとも火闌降の裔孫、世其部衆を領し、彦火々出見を墟址に祀り火闌降を之に配し噌唹の隼人と稱し石城《イハキ》を立て之に據《ヨ》り、諸部を統《ス》べ、筑紫の諸國をも制して獨リ強大なるまゝに、遂に女子を舉け共に推して日子《ヒコ》と爲し之を姫城《ヒメノキ》に居き、妖を以て衆を惑はし、僭僞《センギ》至らさるなく、遂に皇命を拒むに至れるか如し（下略）。

この叙述からみると、ヒコホホデミの旧都が囎唹城で、神武東遷後に隼人の大聚落が一帯にでき、筑紫諸国を制して一女子を立てて女王（卑彌呼）としたという。それは鶴峰が『襲國偽僭考』において、「呉《ゴ》の支庶、姫《キ》姓の裔、筑紫に來歸し子孫蕃息して隼人に屬し、遂に其別種と爲り、今來《イマキ》と號し、此の種人の魏晋《ギシン》に通せるもの、皆自ラ太伯の裔など稱せるならん」と述べていることを展開したもので、その主張するところは大同小異といえよう。

ところで、吉田東伍は邪馬台国を熊襲の拠点、大隅囎唹に定めたが、そこにいたる行程のなかで『魏志倭人伝』に記載する倭の諸国をどのように比定したのであろうか。

まず、文中に出てくる諸国を「旁国」とし、「皆熊襲の小邑《ユウ》、及び行程経し所の附近」としている。そのうち、とりわけ十五国は大隅・薩摩の二国内にそれぞれ比定している。また、そのほかの六国はヤマタイ国へ到る途次の国として、「二筑」（筑前・筑後二国）にあるとし、それぞれ、具体的に地域・地名をあげている。

それらの十五国、および六国を一覧できるように表にまとめると、つぎのようになる。

「旁國」など二十一國の比定地

国名	比定	明治期の郡・郷名による比定地
斯馬	桜島	北大隅郡
已百支	伊《ィ》爾《ニ》敷《シキ》	麑嶋郡伊敷村
伊邪	伊《ィ》作《サ》	南北伊作二郡
都支	串伎	始羅郡加治木郷
彌奴	湊	日置郡市來郷
好古都	笠沙	川邊郡加世田郷
不呼	日《ヘ》置《キ》	日置郡日置郷
姐奴	谿	谿山郡
對蘇	多夫施	阿多郡田布施郷
蘇奴	噌唹	西噌唹郡
呼邑	鹿屋	肝屬郡鹿屋郷
華奴蘇奴	噌唹の別邑	東噌唹郡
鬼	城《キ》	高城郡
爲吾	可愛《エ》	薩摩郡高江郷
鬼奴	阿久根	出水郡阿久根郷

(「以上十五國、皆熊襲の旁邑、今薩隅二國に在り」)

耶馬	八女	山門乃上妻下妻郡
躬臣	(審にし難し、盖、今三潴御井の地)	
巴利	原	御原郡
支惟	基《キ》肄《イ》	今の郡
烏奴	大野	御笠郡大野山
奴	儺	古の海童國(女王國境界の盡くる所)

(「以上六國皆水行海路を終へ、陸に就きて經歴せる者、今二筑の地に外ならす」)

吉田が想定したヤマタイ国

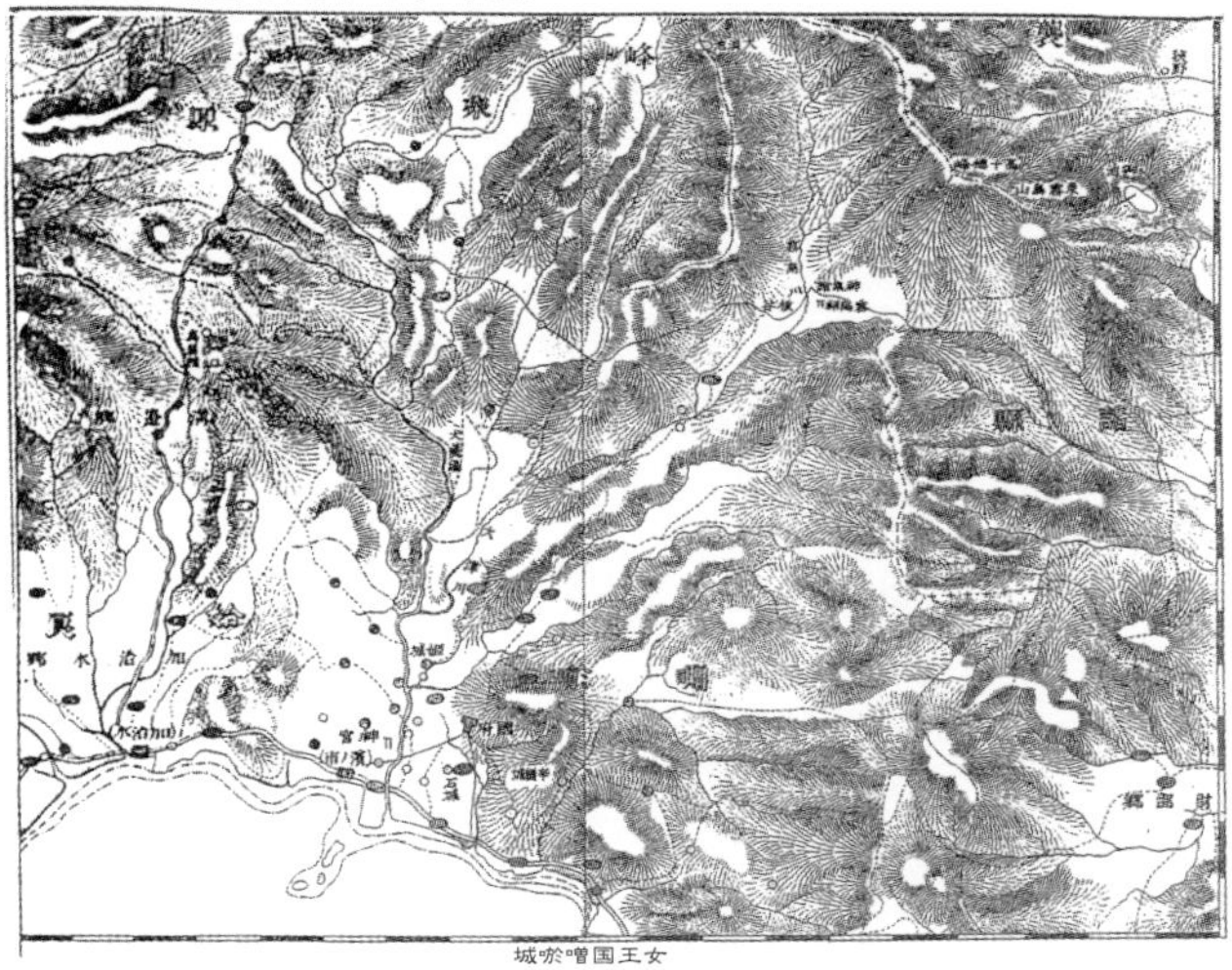

これらの「旁国」など二十一国については、原文を見て、すぐにその読み方がわかるほど簡単なものではない。それら一国一国について、いくつもの読み方が推測可能であり、またそれらの読み方次第で、その比定地も異なってくると思われる。

ところが、吉田東伍はそのうちの十五国は「皆熊襲の旁邑、今薩隅二國に在り」として、すべて二国内の比定地を提示したのであった。当時の研究者をはじめ『魏志倭人伝』に興味や関心をもっていた人びとは、その吉田の比定地提示に驚かされたはずである。

吉田東伍は、歴史学ばかりでなく、地理学にも詳しく、また経済学などにも深い知識と理論を備えていた。そのような人物による提示であったから、提示への人びとの対応は慎重を期した。

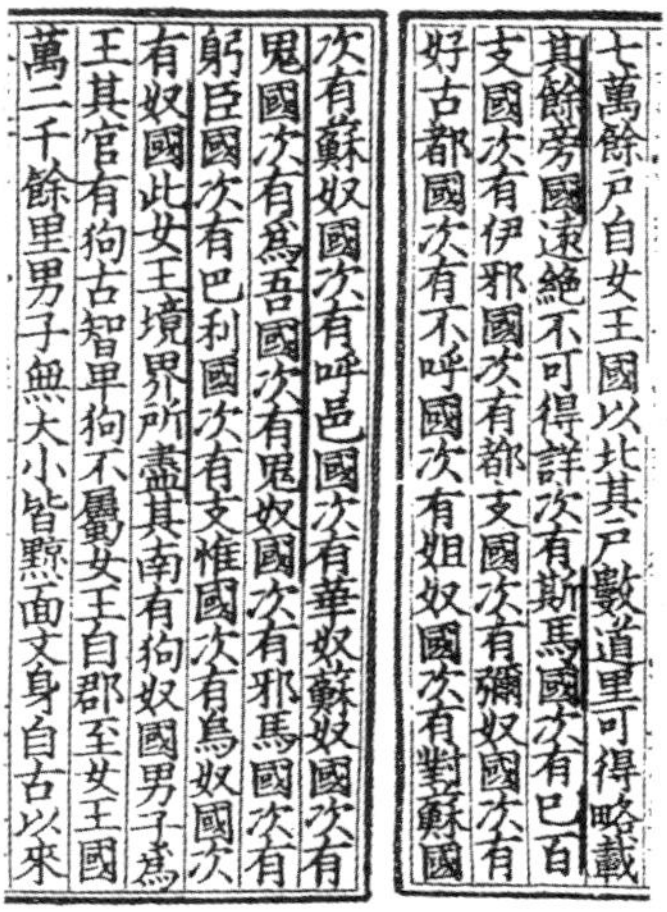
七萬餘戸自女王國以北其戸數道里可得略載
其餘旁國遠絶不可得詳次有斯馬國次有已百
支國次有伊邪國次有都支國次有彌奴國次有
好古都國次有不呼國次有姐奴國次有對蘇國
次有蘇奴國次有呼邑國次有華奴蘇奴國次有
鬼國次有爲吾國次有鬼奴國次有邪馬國次有
躬臣國次有巴利國次有支惟國次有烏奴國次
有奴國此女王境界所盡其南有狗奴國男子爲
王其官有狗古智卑狗不屬女王自郡至女王國
萬二千餘里男子無大小皆黥面文身自古以來

『魏志倭人伝』の二十一國

吉田説への疑問・反論

それでも、ある期間が経つと、少しずつ吉田説への疑問が浮上しはじめた。

その一つは、朝鮮半島李朝《りちょう》で制作されたという、「混一疆理《きょうり》歴代国都之図」という地図である。一四〇二年に李《り》朝の廷臣権近《ごんきん》が作ったもので、朝鮮龍國大学所蔵と伝えられている。

この地図では、日本列島は九州を北にして南に長く描かれている。また、列島付近には大小の島々が多く点在し、それぞれに島名が記されている。

それぞれの島名を一覧して、すぐ気付くことは、対馬・壱岐・隠岐・佐渡などが記されているいっぽうで、黒歯・大人・小人・瀛《えい》洲・扶桑《ふそう》など古今にわたる地名、想像上の地名などが混在し、すべてが実在とはほど遠い内容のものである。

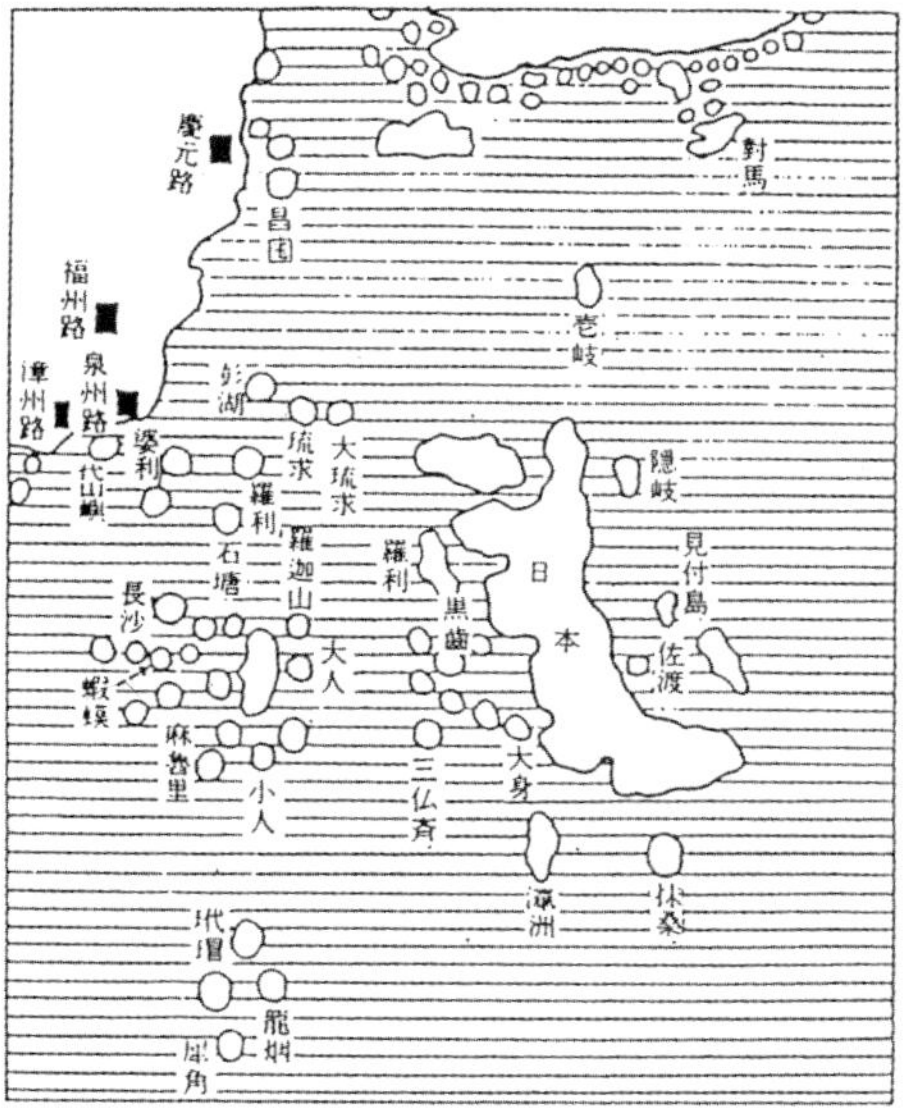

「混一疆理歴代国都之図」の日本

　しかし、この地図をもって、『魏志倭人伝』の「南」とする方向を、「北」あるいは「東」とし、大和ないし畿内に近づけるという論者が出現している。

　そのいっぽうで、十五世紀のこの地図と、『魏志倭人伝』の三世紀とは、あまりに隔絶した時代のものであり、また記載に信を置けない内容であることから、この地図を根拠にヤマタイ国を大和などとする説は、しだいに消えたようである。

じつは、十五世紀には朝鮮と日本の往来はかなり認めることができる。そして、日本へ通信使として往来した申叔舟《しんすくちゅう》はその著『海東諸国記』の中に、かなり正確な「日本国」図を描いている。この書は現在日本でも刊行され（岩波文庫）、だれでも手にとることができる。

つぎには、吉田東伍が生きていた時代には確認できなかった歴史事実が、かれの死後にしだいに明らかになってきたことである。

それは考古学的資料である。

吉田は文献史料には人並すぐれた能力を発揮して幾多の業績を残している。しかし、『魏志倭人伝』の世紀、すなわち三世紀については、史料は少ない。とりわけ日本側の確実な史料は皆無である。

そこで吉田は、考古学的資料に当然のごとく眼を向けている。『日韓古史断』の中には、かれが関心をもった考古資料が、絵画的手法を用いて少なからず載せられてい

吉田が収集した考古資料の一部

是れ熊襲卑彌呼の帶へる金印なり。宣和古印譜に見ゆ、と好古日録に在り。我國に傳はらずして彼に存せし者歟。不審今其噌唹の地に此類の遺物なきか。

「親魏倭王」印出現か

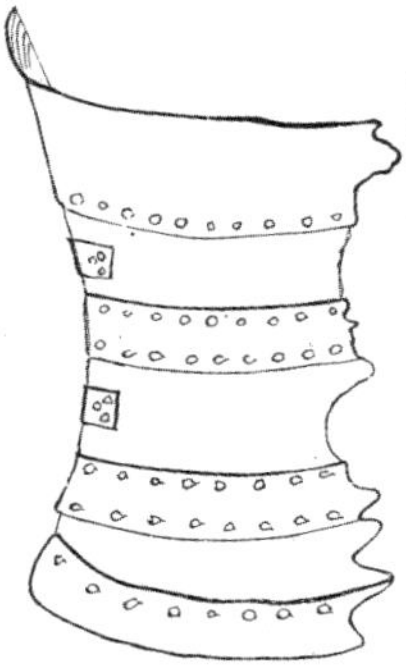

（桂林漫録、諸縣郡所出）

クマソのよろい片

る。

しかし、そこには好事家による偽物まがいのものもあって、学問的評価に耐えられそうにないものが混じっているようである。

日本の考古学は、アメリカ人モースによって開眼されたことで知られている。モースはいわゆる御雇《おやとい》外人教師として招かれ一八七七年（明治一〇）に来日し、東京大学で動物学を講義した。日本における業績は、一つは考古学の研究方法を紹介し、石器時代の時期区分や、発掘調査の方法、さらに報告書の作成などを指導して、日本の考古学を科学的学問として育てたことであった。

また、自ら東京の大森貝塚を発掘調査して『大森介墟《かいきょ》古物編』（一八七九年）として出版して、考古学研究の端緒を開いた。

他の一つは、ダーウィンの進化論を紹介し、普及させたことである。

このような考古学の状況にあって、吉田東伍が『日韓古史断』で考古的遺物について論じようとしたのは、モースの著書刊行よりいまだ十数年後（一八九三年刊）のことであり、その内容に未熟な点や不備があっても、批判の対象にはならないであろう。

むしろ、日本考古学史上の揺籃《ようらん》（ゆりかご）期に、一介の青年文献史家が考古的遺物に独力でメスを入れようとした、その勇断をたたえるべきであろう。

ヤマタイ国はいずこに

吉田東伍が『日韓古史断』で、ヤマタイ国は大隅噌唹に所在、と述べてから百数十年が経過した。

その間に、日本の考古学は目覚ましい発展を遂げた。筆者は、先日（二〇一五年一月）福岡県太宰府市の九州国立博物館で開催されていた「発掘された日本列島」展を見学した。また、宮崎県えびの市で発掘された地下式横穴墓の現地説明会にも足を運んだ。

そのどちらでも、考古学ファンの多いことに驚かされた。人びとはそれぞれ過去に関心をもって、今を生きているようである。

ところで、吉田東伍が主張したヤマタイ国の大隅囎唹説はその後どうなったのであろうか。

考古学の発展によって、旧囎唹郡一帯の三世紀の様相が明らかになってくると、全国的に見て、この地域がとくに文明が発達していた、とはいい難い状況である。

いまは、この地域における驚愕《きょうがく》的大発見を待つことにしたい。

六章　薩摩最古の文書をのぞく

アワビを食べていた国司

八世紀、天平《てんぴょう》時代に薩摩国庁では釈奠《せきてん》という孔子《こうし》の祭りを行っていた。いわゆる儒教の祭りである。天平文化といえば仏教一色の観がある。ところが、儒教も盛んで、春・秋の二回にわたって釈奠を行なっていたことが記録されている。

記録されていたのは『薩麻（摩）国正税帳』という、薩摩最古の公文書である。七三六年（天平八）の薩摩国の収支決算報告書であり、租《そ》を主とした税の支出内容がかなり細かく記されている。

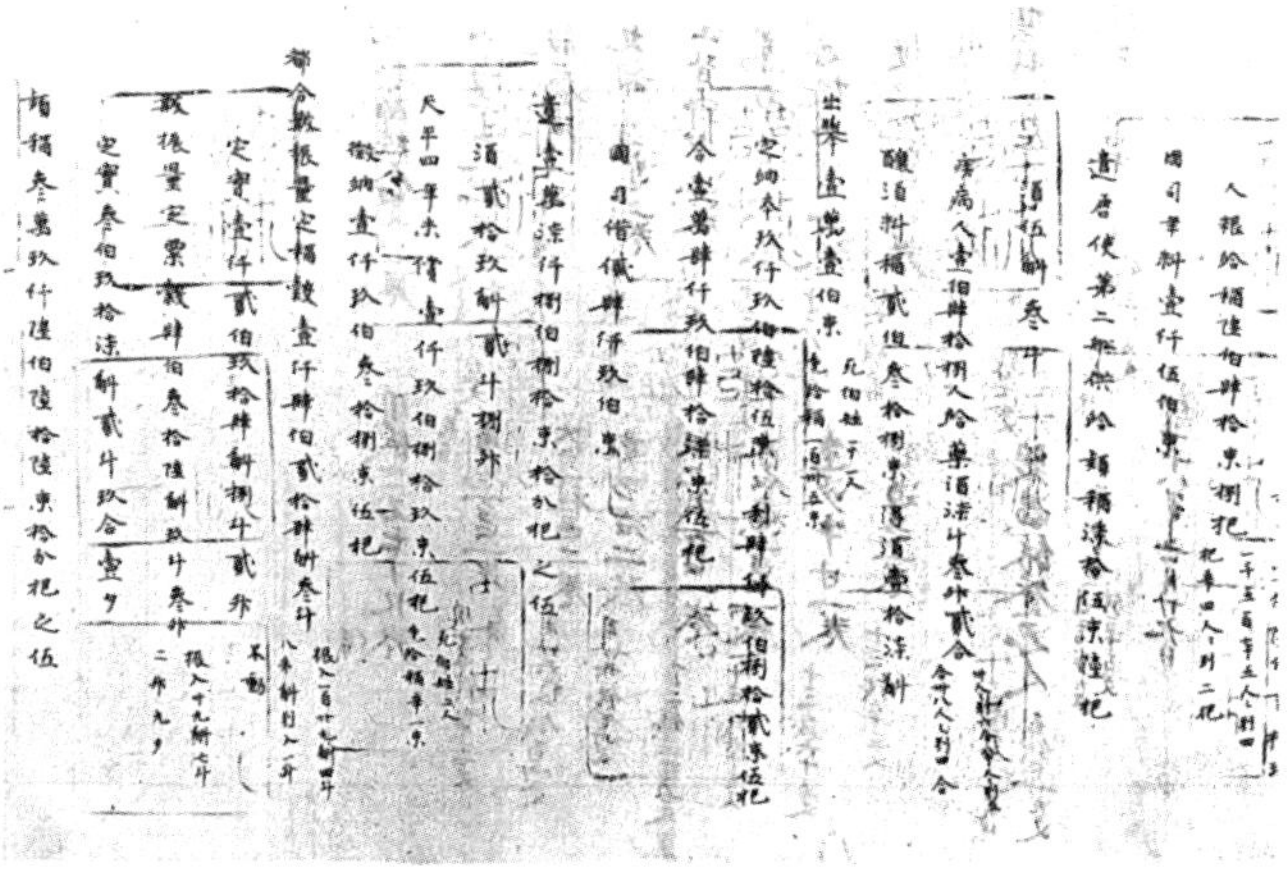

「薩麻国正税帳」の一部（正倉院文書）。裏面の文字が映っている。

その文書によると、釈奠の祭りの日には国司（国の役人たち）と学生（国学の学生）たちに、脯《ふ》（乾肉）・鰒《あわび》・菓子（果物）、それに飯と酒がふるまわれていた。

当時、国庁の所在地には国学《こくがく》という学校があった。その国学が薩摩にもあり、郡司《ぐんじ》の子弟などが教育を受けていた。そこは次代の地方役人の養成機関であった。そのような学校では儒学が主要科目とされていたから、釈奠に国学の学生が参加していたとみられる。

それにしても、国司や学生たちは豪華な食事が提供されることから、この日を楽しみにしていたのではなかろうか。

儒学は古代から江戸時代まで重視され、朱子《しゅし》学・陽明《ようめい》学など、分化しながら発展していき、僧侶も仏教経典のみならず、儒学の論語などの四書五経は兼学とされ、江戸時代には藩校などでも主要な学問とされていた。

薩摩藩でも孔子を祭る

薩摩藩の藩校は「造士館」の名で知られている。現在の中央公園（照国神社近く）がその敷地跡である。江戸時代の文献によると、安永二年（一七七三）に島津重豪《しげひで》が創建したとある。

島津重豪は、藩の財政を大きく傾けたことから、浪費殿様と批判されてもいるが、重豪は造士館のほか、医学院・明時館（天文観測所）などの文化施設を次々に創建して、鹿児島の文明度を高めているので、その業績を「浪費」とばかりに、一概には評価できない。

重豪の建てた造士館の絵図をのぞいて見ると、いまの照国通り側に正門（仰高門《ぎょうこう》）

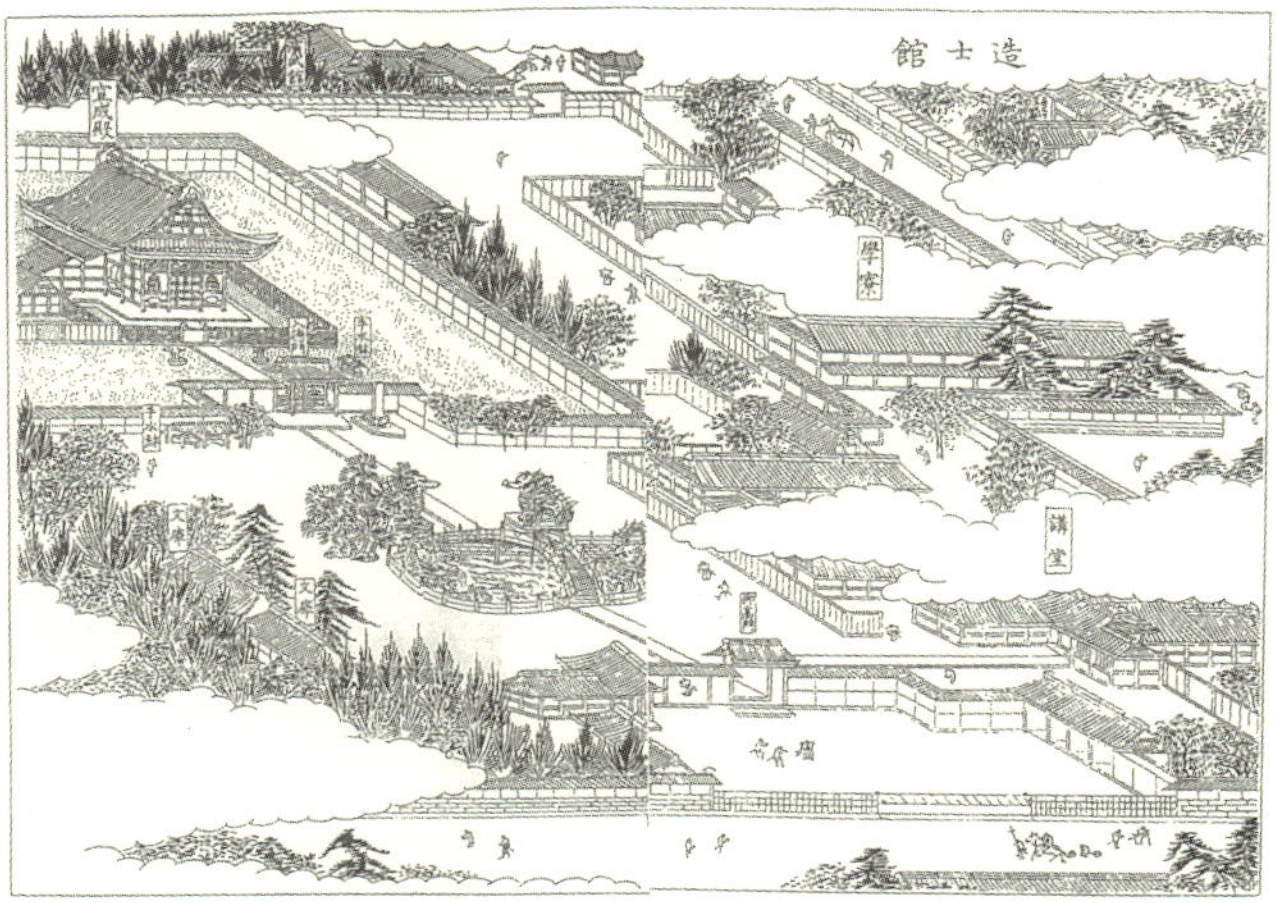

造士館（「三国名勝図会」より）。右下「仰高門」、左上「宣成殿」

が描かれているので、全体は南向きである。

その仰高門を入ると、池があって、朱欄《しゅらん》橋がかかっていた。その赤色の欄《らん》干《かん》のある橋を渡ってまっすぐ進むと、宣成殿《せんせいでん》がそびえ建っていた。造士館ではもっとも立派な建物で、そこには孔子と十哲《じってつ》（十人の高弟たち）が祭られていた。

これだけ見ても、造士館が儒学中心の学校であったことがよくわかる。また、宣成殿の背後には演武館が建っていた。武士の学校であるから、学問ばかりでなく、演武館では武芸の鍛錬《たんれん》も行なわれ、文武両道に励む若者たちが育てられていた。

そしてまた、造士館でも宣成殿で春・秋に釈奠が行なわれていたのであった。八世紀に薩摩の国庁で行なわれていた行事が、十八世紀に薩摩の藩校造士館で再現されていたのである。

孔子聖廟（佐賀県多久市）。鳥居型の門が「仰高門」

儒学が日本の教育にいかに根づいていたかを、垣《かい》間《ま》見るようである。この儒学の伝統を継承して、いまに唯一九州で釈奠を行なっているところがある。佐賀県多《た》久《く》市の孔子聖廟《せいびょう》である。多久は佐賀市から唐津市に抜ける途中の、落ち着いた静かな町である。

そこに江戸時代以来の聖廟が残存しており、釈奠が続けられていた。その聖廟を訪れたとき、その門に「仰高」の額がかかげられていたのを見て、造士館の正門の額を想起した。儒学の理想とするスローガンは、高きを仰《あお》ぐであり、まさに若者の志を表わしているのであろう。

『正税帳』が語る隼人社会

再び『正税帳』の記載にもどろう。

古代の大隅・薩摩両国は、西海道《さいかいどう》（九州）の他の諸国とともに大宰府の管轄下にあった。したがって、大宰府の要請があれば地域の産物を、大宰府まで運ばねばならなかった。地域の産物といっても、税などとは別で、中央政府あるいは大宰府が必要とする物品である。

その物品とは、甘葛煎《あまずらせん》・兵器料鹿皮・筆料鹿皮などである。この三品のうちでは甘葛煎が理解困難であろうか。甘味料で『宇津保《うつぼ》物語』（十世紀末成立）やその他の古典に出てくるが、その製法は明らかにされていない。『広辞苑』にも出てくるが、その説明はあいまいで、誤りといった方がよい。

筆者もかつて自著のなかで、その説明を引用して誤りに気づかされたことがあった。

じつは、北九州の古代史研究グループが、甘葛煎の試作を実験して成功させたのであった。それは、大木に巻きつくように張りついている葛《つた》から樹液を採取して、煮つめたもので、上品な甘味が得られるとのことである。

その甘味料を薩摩国で作り、大宰府まで運んだのであった。その担夫三人で、往路十日、復路九日を要している。往路は荷があるから一日余計にかかった計算で、その間の食料も往路は多く支給されている。

それにしても、いまなら短時間で行ける道のりを、八世紀には九日ないし十日もかかっていたことが、この記録によって知ることができる。

つぎには、遣唐使第二船が寄航した記録である。八世紀以後の遣唐使船は四隻が一団となって派遣されることになっていた。しかし、一隻しか記録されていない。別の記録によると、第一船はすでに二年前に帰国し、第三船は崑崙《こんろん》（マレー半島）に漂着し、第四船は難破したということである。しかし、詳しい情報は得られていない。

寄港した第二船は遣唐副使中臣名代《なかとみのなしろ》らが乗船していた船で、これより三年前の天平五年（七三三）四月に日本から出発した四隻のなかの一隻で、帰路に薩摩に寄港し、米・酒などの供給を受けている。

遣唐使船が漂着した例はあるが、寄港した例は珍しく、また薩摩で供給を受けていた記録も前後に見当たらない。その理由は推測するしかないが、いつも供給を受けている大宰府の周辺で流行病（天然痘）が広まっていたことによると思われる。この第二船は天平八年八月に都に帰朝している。

薩摩国内で遣唐使船に供給できるほど米・酒を貯蔵しているのは国庁のある国府の地であろう。したがって、この遣唐使船は川内川の河口付近に暫時《ざんじ》停泊し、供給を受けたのではないかと推測している。

『正税帳』には病人に「酒」を給与した記録もある。まさに「酒は百薬の長」である。それによると、疾病人一四八人に対し酒七斗三升二合が配布されている。当時の枡《ます》は現在の枡より小さく、ほぼ五分の二ぐらいの分量で換算できるようである。それにしてもかなりの量である。しかし、その内訳によると、三十人には一人六合、八十人には一人五合、三十八人には一人四合となっているので、病状によって配分量に差をつけている。この内訳からみると、一人宛の分量は大した量ではない。

この「酒」はいわゆる焼酎ではない。というのは、『正税帳』には醸酒料の稲の支出も記載されているからである。それによると、稲を二三八束（一束は米二升）を用いて、酒十七石を得ている。この醸酒法から、どのような酒ができるのか、機会があったら造酒業の方に聞いてみたいと思っているが、いまだ果たしていない。「どぶろく」（にごり酒）様のものかと推測はしているのではあるが。

それにしても、古代の政権は民衆から各種の税を搾取《さくしゅ》したことが、しばしば記されるが、このような社会福祉的施策もあったことは注目してよいであろう。それが、国府周辺での施策なのか、あるいは薩摩国全域にわたり、隼人といわれた人びとにも適用されていたのかは疑問ではあるが。

一年は三八四日あった

薩摩国の『正税帳』を遅遅《ちち》として読み始めた学生時代、「どうして？」と考え込むことがよくあった。

その中から一つ、二つをとりあげてみたい。一つは、塩を枡で計り、その塩を次年度にその量目のまま持ち越していることであった。塩は長時間にわたって置いておく

塩てごとにがり用つぼ
（国分郷土館）

と、量目が減るはずだ、というのが筆者の常識であった。

　というのは、筆者の幼少時の台所は土間で、そこで母親が台所仕事をするようすを、時に見ていたからであった。その台所には上からシオテゴ（塩籠《かご》）がぶら下げられていた。円錐形の籠のとがった方が下になっていて、その中に塩が入っていた。そのとがった先から塩の汁のようなものが雫《しずく》になって、一滴、一滴と間をおいて、下の地面に落ちていたのである。したがって、下の地面には小さなくぼみができていた。

　そのようすを見ていたから、塩は時間が経つと減るものだ、と思い込んでいたのである。この疑問を何人かの人に質《ただ》したこともあったが、誰からも納得できる答えを得られぬまま、かなりの年月気になっていた。

　ところが、思わぬ場所で、この疑問が氷解したのであった。筆者が、ある市民講座で話をしたとき、ふと塩の話にふれて、『正税帳』の記載を紹介した。その時、聴講していた一人で、年齢九十歳だという方が、つぎのように説明して下さった。

いまの食塩は化学的合成塩だから、ビニール袋などで保存できるようにできている。ところが、海水から製造した昔の塩は、苦汁《にがり》が出て、塩本来の成分が残り、栄養的にもすぐれている。その苦汁を自然に除くのが塩籠である、と。また、苦汁が抜けるから、塩の重量は減る。しかし、塩の容積には変化がないことも教えて下さった。

このときほど「亀の甲より年の功」という言葉を、弱輩の筆者は身にしみて感じたことはなかった。

その方は、塩関係の仕事をしていたわけでもなく、ただの「電気屋」でした、といわれたので、いっそう恐縮した次第であった。

八世紀の『正税帳』の記載に長い間疑問を感じ、一時は、役人の帳尻合わせか、と不信感さえ抱いていたのであったが、筆者としては、二十世紀も末になって、ようやく問題解決にいたったひとときであった。

『正税帳』を読み始めたころ、疑問に思ったことを、もう一つ取りあげてみたい。

それは、天平八年（七三六）に薩摩国に僧侶が十一人常住し、正月十四日には恒例によって金光明経《こんこうみょうきょう》や金光明最勝王経《さいしょうおう》などのお経を読む行事が定着していたことである。いまだ国分寺も建立されていない時期に、国庁に属していたとみられる僧侶たちが恒例行事として読経《どきょう》を行なっていたのである。

この記事に続いて、僧侶十人に「供養料稲」という手当（お布施）が支給されていたことが記されている。その日数が各人「三八四日」で、一年間の日数としては多すぎることが疑問であった。ひょっとすると、昼夜兼行で勤めた日があったのかと思ったりしたが、この疑問はゼミ担当の教授の助言で、まもなく納得できた。

というのは、旧暦（太陰太陽歴）では、ほぼ三年ごとに一年が十三か月になる年がめぐってくるというのである。そこで、『正税帳』作成の前年（天平七年）を調べると、十三か月あることが確かめられた。したがって、三八四日は十三か月の日数であった。

ちなみに、旧暦を単純に月の運行による太陰暦とすることはできないことを教えられた。月の運行だけで十二か月を数えると、一年の太陽の運行との間に差が生じるのである。そこで、ほぼ三年に一度は、十三か月として調整したのであった。したがって、旧暦は太陰太陽歴というのが正しい表現である。

出水郡は肥後勢力下

薩摩国の『正税帳』を見ていると、郡別に記載されたそれぞれの末尾に、天平八年当時の郡司名が連署されている。

その中で、出水《いずみ》郡の郡司名は異色である。大領（郡長）に肥君《ひのきみ》、少領（次長）に五百木部《いほきべ》、主政と主帳（ともに補佐役）に大伴部などの名が見える。

このような氏《うじ》の名は、元来薩摩系には見出せない氏名である。肥君は、その名の通り肥後の出自である。それも大富豪の一族で、九州を代表する豪族といっても過言ではない。五百木部・大伴部もおそらく肥後系とみられる。

郡司は、在地の豪族から任命されるのが原則であるから、かれらはすでに出水郡に根をおろしていたのであろう。その背景を考えると、出水郡一帯には、薩摩には少ない高塚古墳が多く分布していることが思い浮かぶ。このような古墳は、肥後の文化が早くからこの地域に波及していたことを示している。したがって、肥後の勢力が古墳文化期までには、北薩摩の西海岸部を中心に進出し、その配下にあったと見てよいで

長島の小浜崎古墳石室（出水郡）

あろう。
いまでも、出水郡の長島に渡ると、小浜崎《おばまざき》などで高塚古墳や露出した石室などが身近かに見学できる。薩摩ではこのような場所は他にはない、珍しい地域である。肥後勢力が伸張していた痕跡である。もちろん、本土側にもその痕跡はあるが、長島ほどの密度はない。
『正税帳』が作成された同じ八世紀に、遣唐使船が難破・漂着した『続日本紀』の記事に、長島を「肥後国天草郡」としているのは、かつてはその所属においても、長島は肥後国であったのである。
『正税帳』の記述に「隼人十一郡」の語句が見える。この語句も気になるところである。というのは、薩摩国は十三郡であった。ところが、そのうちの十一郡が原住民系の隼人の居住地で、あとの二郡とは区別されていたようである。その二郡は、国府所在の高城《たかき》郡と、その北に隣接する出水郡で「非隼人郡」であったとみられる。この二郡は肥後系の居住民を主としていたのである。

この二郡が隼人十一郡とは異なる性格をもっていたことを示すのは、養老四年の「糒《ほしいひ》」を備蓄していることである。

糒とは、乾飯・干飯で、飯を乾燥して貯えておく、いわば「インスタントご飯」である。携帯食料として利用され、水や湯に浸せばすぐに食べられるもので、旅行用・兵糧用・あるいは備荒用とされていた。ときに「かれいひ」ともいうらしい。

その糒が、高城郡に一千二百六一石、出水郡に一千五百四石三斗一升、それぞれ貯蔵されており、両者に「養老四年」の注記がある。

養老四年（七二〇）は、中央政権の侵攻に対して、隼人が抗戦した年である。この抗戦の主戦場は大隅国府の地、あるいはその周辺部であった。

中央政権側は、大伴旅人《たびと》を征隼人持節《じせつ》大将軍として、大宰府で兵力を集結して南下し、高城・出水二郡を兵站《へいたん》基地としたとみられる。この二郡が兵士・武器・兵糧などの補給基地であり、糒が貯蓄されたとみられる。

その糒の一部が、十六年を経過しても二郡に貯蔵されていたのである。糒は消費期限を二十年としていたから、いまだその期限内であった。ちなみに筆者の試算では、高城郡の糒貯蔵分で二一〇〇人、出水郡のそれで二五〇〇余人の、それぞれ一か月分の食料となるはずである。

日向国の史料は残念ながら伝存していないが、抗戦地と隣接しているので、国府（現、西都市）には、おそらく糒が貯蓄されていたと見られる。

これらの糒は大宰府によって、西海道諸国から徴集されて、それぞれの兵站地に搬送されたものであろう。それにしても、薩摩国の高城・出水二郡の残存量から推測すると、戦時にはかなり大量の兵糧米が長期にわたって搬送されていたのであろう。

偶然に残っていた文書

薩摩国の『正税帳』は、奈良東大寺の正倉院に、偶然に残っていた文書の一部である。正倉院といえば、第一級の宝物が収蔵されていることで知られている。

毎年、十一月三日の文化の日を中心に、奈良国立博物館で「正倉院展」が開催されるが、その見学者が長蛇の列をなす恒例の行事である。その宝物の中に薩摩国の『正税帳』も含まれている。

正倉院は、歴史研究者といえども立ち入ることは許されず、九十歳になる著名な古代史研究者が、「一度でいいから、正倉院の中を見てみたい」と、嘆いていたことがあった。

したがって、正倉院文書をじかに手にとって見ることはできず、せいぜい写真版によって見るのが精一杯というところである。筆者もその一人である。

正倉院宝庫（奈良市・東大寺）

薩摩国の『正税帳』は、もともと薩摩国の国庁で作成され、それが奈良平城宮の朝廷に提出されたものである。そのような文書が全国から届けられた朝廷では、点検後、ある期間保存すると、東大寺などの大寺院などに払い下げられ、その裏紙が再利用されている。

東大寺の写経所などでは、その料紙が事務管理に用いられ、保管されていた。その一部がたまたま、正倉院に伝存されたのである。

東大寺では、再利用の際に切断されたり、破棄されているので、当初の公文書が完全に残ることはほとんどなく、断簡《だんかん》文書であり、さらには紙背《しはい》文書である。

したがって、薩摩国の『正税帳』も五つの断片であり、写真版で見ると、裏面の文字が影のようにぼんやり映っている。

それでも、『続日本紀』などの史書には記載されていない、薩摩国の国内事情を読み取ることができて、古代史研究に大いに役立っている。

その一部をここに紹介したところである。

附（つけたり）

古文書では、追記するとき「附」と書くので、真似をして少しつけたしたい。

先に掲出した『正税帳』の写真には、上下三段にわたって「薩麻国印」（朱印）がベタベタ押してある。その印影を、参考のためここに載せておきたい。一辺が二寸（約六センチ）の大型印で、文字の訂正・修正を一切許さないようにしてあった。古代の役所は、税の支出について厳格であった。現代の役所も大いに見習って欲しいところである。

薩麻国印

第二部

七章　鑑真和上の来日をめぐって①

中国の学会で「鑑真」の発表

十数年前、中国上海の華東師範大学で開催された歴史の研究会で、筆者は「日本における鑑真和上の足跡について」と題して発表したことがあった。日本国内の研究会では、制限時間内で発表し、その後の質問時間も短く設定されるのが一般的で、ときには発表内容が十分に伝わらないことがある。

ところが、中国の研究会はしばしば「研討会」の名称で開かれるので、発表内容についての質疑応答や討論に時間がさかれている感じがする。筆者の発表の場も「研討会」であった。

予想通り、筆者の発表のあと質問が相ついだ。発表も質問も、また応答もすべて通訳を介してのやりとりで、お互いにまだるっこい感じではあったが、教えられることも少なからずあった。

そのなかで、やゝ意外に思ったのは、中国には鑑真についての文献が少なく、また鑑真についての研究も多くはないことを知らされたことであった。

じつは、この点については以前から筆者は疑問に思っていたことであった。日本においても中国の文献や研究の所在については、筆者も調べてみたのであったが、あまり見出せなかったのであった。

鑑真が中国の高僧の一人であることは、中国の研究者たちは認めているのであったが、鑑真に関する文献は日本の方が伝存しているというのである。

とはいっても、日本でも『唐大和上《だいわじょう》東征伝』(『鑑真過海大師《かかいだいし》東征伝』ともいう)が主であって、そのほかでは断片的でしかない。しかし、その『唐大和上東征伝』は鑑真の生涯と、日本への渡航およびその足跡と業績をかなり詳しく、かつ正確に伝えているので、大いに役立っている。

この伝記の史料性を高めているのは、とりわけつぎの二点である。一つは、鑑真の高弟思託《したく》が記録したものを提供していることであり、他の一つは著者の淡海三船《おうみのみふね》が鑑真の晩年と同時代の人で、鑑真を実見していることである。思託は鑑真の側近で、師と行動を共にしていた弟子であり、淡海三船（真人元開《まひとげんかい》ともいう）は当代一流の学者であり、鑑真の死から十六年後に『唐大和上東征伝』を著している。

このような状況からして、この鑑真伝は信憑性が認められ、その史料的価値を高めている。中国の研究者たちも、この点を評価していて、中国でも利用する場合が多いという。

また、中国では一九八〇年以後、鑑真への関心が急速に高まったともいう。それは、この年に奈良唐招提寺の鑑真像がはじめて中国で公開されたことが影響しているようである。公開は北京のほか鑑真の出身地揚州をめぐり、多くの観覧者がつめかけ、鑑真の里がえりを歓迎したと伝えている。

その鑑真熱はその後も持続していたようで、じつは筆者は五年前（二〇一〇年）にも、中国から招聘《しょうへい》を受けた。旅費一切を中国の学会で負担するから、中国で講演をし

復元された遣唐使船（平城宮跡）

てくれとの要請であった。しかし、日程が折り合わず、断念せざるを得なかった。

天平五年（七三三）、遣唐使船に便乗して栄叡《ようえい》・普照《ふしょう》の二人の僧が入唐した。二十歳そこそこの奈良の若い学問僧たちであった。かれらは入唐後、授戒師にふさわしい高僧で、かつ来日の意志確実な人物を求めて、各地の寺院を訪ねまわったようである。

しかし、そのような高僧は容易には見つからず、いつの間にか十年近くが過ぎ去っていった。重要な使命を帯びて入唐したのであったが、二人の僧は半ばあきらめかけてもいた。そのような時に、揚州大明寺《だいめいじ》で鑑真にめぐり会ったのである。七四二年十月のことであった。

鑑真は、有能な弟子たちに日本仏教の発展のために渡日して、授戒の役割を果たすように強くすすめたが、誰一人として応ずる者がなかった。そこで鑑真はみずからの渡航を決意したのであった。鑑真はすでに五五歳になっており、当時としては高齢であった。それでも日本仏教興隆のために尽そうとして、受諾したのであった。

しかし、翌年から二年の間に四回にわたる渡航計画は、師を日本に行かせまいとする弟子たちの妨害にあったり、官憲による密航取締りの対象にされたりして、いずれも失敗に終った。

さらに、五回目は船が南に流され、安南《あんなん》（ベトナム）を経て、中国南端の海南島に漂着している。その間に鑑真は失明したが、それでも決意を変えることはなかった。また、日本僧栄叡も病没している。

中国は領域が広い。東西も南北も。したがって漂着した海南島から揚州へ戻るのも大変苦労している。それにもかかわらず、目が不自由なことを乗りこえて、日本行きを変えない、その心底には何があったのであろうか。

日本で、真の仏教を弘布したいとの鑑真の信念を、そこに感取するほかはない。

鑑真の眼病検診

鑑真の眼病について、酒井シヅ著『病《やまい》が語る日本史』（講談社、二〇一四年）は、眼科の歴史にくわしい福島義一氏の説を引用して、つぎのように述べている。

鑑真和上が盲目になったときの状況を正伝『唐大和上東征伝』の記事に、鑑真和上がひどい炎熱の中で視力が徐々に衰えていき、眼の治療にすぐれた胡人《こじん》に出会い、治療を受けたが、最後には失明したとあることや、和上が六十三歳ぐらいであったこと、この年齢と眼痛など特別な自覚症状の記録がないこと、両眼の視力がしだいに落ちていったことから、老人性白内障であった。

このように、記事にもとづく検診結果を紹介している。また、胡人とはペルシア人かインド人で、白内障の手術は古代インドで始まり、西へ、東へと伝わったとも述べている。

さて、いよいよ六回目になる日本への渡航の企てである。『唐大和上東征伝』の記事を追いながら、そのようすを再現してみたい。

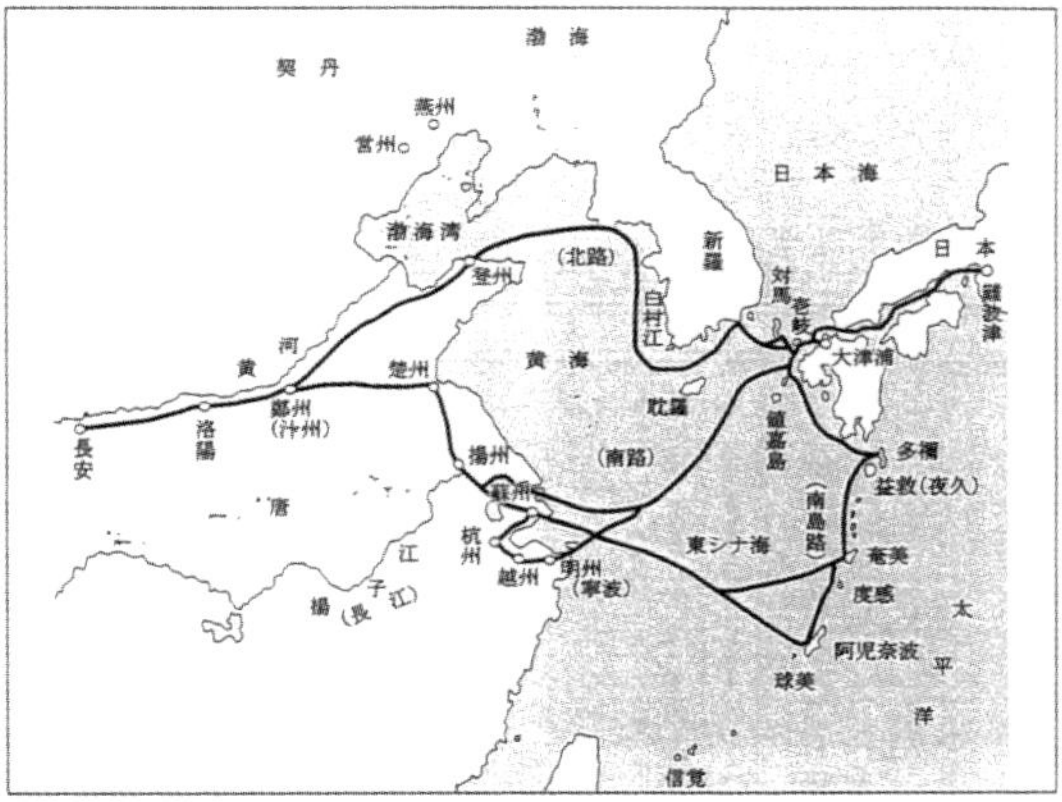

遣唐使航路（推定図）

天平勝宝五年（七五三）十一月のことであった。日本の年号は原則として二字である。明治・大正・昭和・平成などと。ところが、八世紀の中頃だけ四字年号がいくつかある。そのうちの一つが「天平勝宝」である。その五年に、鑑真は六六歳になっていた。

今回の日本渡航には、帰国する遣唐使船を利用しようとしていた。「利用する」といえば聞こえはいいが、じつは、船にもぐり込んで、中国側の官憲に知られないように、ひそかに海を渡ろうというのである。当時の中国の国法では、海外渡航は特別の場合を除き許可されず、鑑真など有能な人物は特に認められなかった。となると、日本への「密航」である。

八世紀の遣唐使船は四隻の船団を組んで往復したので、別名を「四つの船」ともいう。鑑真が利用しようとしている遣唐使船は、前年（七五二）に日本を発し、中国での用務を果たして、帰路につこうとしていた。

第一船は遣唐大使藤原清河《きよかわ》、第二船は同副使大伴古麻呂《こまろ》、第三船は同副使吉備真備《きびのまきび》、第四船は同判官布勢人主《ほうがんふせのひとぬし》をそれぞれ首班とし、計約四百五十人が分乗していた。

七五三年十一月十五日、いよいよ揚子江（長江）河口近くの、蘇州黄泗浦《そこうしほ》を出航することになった。鑑真と弟子ら二十数名は第一船の大使の船に乗船することになっていたが、第一船では官憲の目が届きやすいというので、急遽ひそかに第二船の大伴古麻呂の船に乗り換えたという。

この時、第一船には七一七年に入唐し、中国で玄宗《げんそう》皇帝に仕えていた阿倍仲麻呂が三六年振りに帰国するため乗船した。仲麻呂は朝衡《ちょうこう》という唐名を許され、李白《りはく》・王維《おうい》ら唐の著名な文人らとも交際し、文人としてもその名が知られていた。

その仲麻呂が出航に際して詠んだのが、

天の原　ふりさけ見れば　春日なる　御蓋山《みかさのやま》に　出でし月かも

の歌であろうといわれている。かつて奈良の御蓋山の上に出た思い出の月と、いま、いよいよ大陸の地を離れて帰国の途につく十五夜の月が、重なって眼に映ったのであろうか。

『古今和歌集』に収録されているこの歌のミカサは、しばしば「三笠」と表記されている。ところが、三笠山は若草山の別称だと思い込んでいる人がかなりいて、若草山に出た月の意に誤解されることが多い。じつは、春日大社の背後の山が「御蓋山」であり、その位置を確認すると、この歌の真意が読み取れる。その御蓋山は「春日山」ともいう。

さて、この歌を詠んだ阿倍仲麻呂が乗船した第一船は、沖縄本島までは進航したのであったが、その後は一時行方不明になり、やがて南方に漂着したことが判明、仲麻呂は中国本土に戻ることになった。そして日本に帰れないまま、七七〇年に在唐五三年の生涯をとじている。ちなみに、遣唐大使の藤原清河も日本に帰ることはなかった。

鑑真の来日は奇蹟

黄四浦碑
（中国・蘇州。揚子江の流れが代わり、現在は陸地になっている）

七五三年秋に中国黄泗浦を出航しようとしていた時、一羽の雉《きじ》が第一船の前を横に飛んだ。これは、中国では不吉の前兆とされていたことから、出航は翌日に延期、十一月十六日になった。

四船は同時に出航したとみられる。五日後、第一・二船は「阿兒奈波嶋」に着いた。「オコナハ嶋」と読める。「阿」はしばしば「オ」に転訛する。一例をあげると、出雲の「阿国《おくに》」（歌舞伎の創始者）などである。おそらく、史上に「沖縄」の地名が現れる初見であろう。その嶋は「多禰《たね》嶋（種子島）の南西に在り」との一文もあるので、その位置からしても沖縄であろう。

第一・二船が沖縄に到着してみると、第三船はすでに昨夜沖縄に着き、停泊していた。旧暦十一月であったから、北西の季節風によって、揚子江河口から沖縄方向へは追風で、進航しやすかったとみられる。ところが、第四船については記事がなく、その後も記録がない。

とはいえ、沖縄経由の航路（南島路）は、冬期には北上するのが困難である。南風が得られることが少ないから、各地で風待ちの寄港となる。

十一月二一日に沖縄に着いてから、ようやく北上の途についたのは半月後であった。『東征伝』には、「十二月六日南風起こる。第一船、石に著《つ》きて動かず。第二船発して多禰に向かいて去る」とある。

この記事によると、南よりの順風が吹いたので出航しようとしたが、第一船は座礁して動けなくなった、とある。したがって、第二船のみが種子島に向かって出航したのであった。ところが、これ以後は第三船の記録も見えなくなる。

以後は、鑑真一行の乗った第二船のみの単独航である。第二船は「七日益救《やく》嶋（屋久島）に至る」と記されている。『東征伝』の記事はかなり細かく記述しているのであるが、この部分で困惑してしまう。というのは、十二月六日に沖縄を発した船が、翌七日に屋久島に着くだろうかという疑問である。地図で計ると、直線で五〇〇キロ

坊津町（地名は旧地名）

以上である。遣唐使船は帆船であるが、順風でもあまりの強風のときは帆をおろさないと危険だと聞いている。

ところが、「七日」とあるのは、「七日して」の意であることが判明した。それは『東征伝』をもとにして絵巻にした『東征伝絵巻』（鎌倉時代成立）の詞書《ことばがき》の部分に、「十二日益救の嶋にいたりぬ」とあるからである。すなわち、十二月六日から七日して屋久島に着いたのである。

その屋久島からあとも、難航であった。

十二日屋久島に着いたのであったが、また風待ち、あるいは潮待ちもあったのか、屋久島を発したのは十八日であった。ところが、翌十九日は「風雨大いに発する」大シケであった。四方がまったく分からない状況であったが、午時《うまどき》（昼十二時ごろ）になって浪の上に山頂が見えた。

この山は開聞岳《かいもんだけ》であろうか。または野間岳《のまだけ》であろうか。それから一昼夜、翌十二月二十日の午時、第二船は薩摩国阿多郡秋妻屋浦《あきめやうら》に着いた。現在の坊津町秋目である。時化《しけ》を乗り切って秋目に着いたが、漂着同然であったとみられる。それにしても、中国大陸から出航するときは四隻の船団であったが、日本本土に何とか着いたのは、鑑真一行が乗っていた、この第二船だけであった。

もし、鑑真一行が当初の計画通り第一船にそのまま乗っていたら、今回も日本への渡航はかなわず、鑑真の年齢と体調からみて、日本渡航の決意は永遠に断念せざるを得なかったと思われる。

遣唐使船の遭難あい次ぐ

ところで、第一・三・四船の各船は、どうなったのであろうか。『続日本紀』などの史書から情報を集めると、およそつぎのようである。

沖縄で座礁した第一船は、その後いったんは奄美大島を指して帆をあげて発したというが、最終的には安南に漂着し、唐に戻っている。第三船は、いったん屋久島まで到着しながら、その後漂流し、翌天平勝宝六年（七五四）一月に紀伊国牟漏埼（和歌山県潮岬付近）に漂着した。第四船は同六年四月に薩摩国石籬浦（南九州市頴娃町石垣）に来泊している。この船は帰路の途中で出火したが、梶師の気転で焼失の難をのがれたというが、詳細は不明である。

　七五三年から翌年にわたる遣唐使船の遭難を見ても、遣唐使船の航海がいかに危険をはらんだものであるかが知られるが、記録されている他の例を見ても遭難は少なくない。

　いっぽうで、記録されていない例もあるので、すべての遭難を知ることはできないが、その一部を述べておきたい。

　七七八年に中国から帰路についた遣唐使船のうち、第四船は耽羅《たむら》島（済州島）に漂着した。ところが、島人に略留されたため、四十余人は謀《はか》ってひそかに纜《ともづな》を解いて脱出し、薩摩国甑島《こしきしま》に来泊したという。同船には百余人が乗っていたはずであるが、残りの人びとについては分からないままである。

　また、第一船は帰路に暴風にあい、船が前後に両断二分されたという。そのうちの舳《へさき》の部分は肥後国天草郡西仲島《にしなかしま》（鹿児島県出水郡長島）に、艫《とも》の部分は甑島にそれぞれ漂着している。現在、長島には「唐隈《からくま》」の地に漂着伝承が残され、記念碑が樹《た》てられている。

これは、遭難例のほんの一部である。遣唐使船は日本列島と中国大陸の間の航海であるから、地球規模の視野で見れば、その航路は内海の如き狭い海を渡っているようなものでもあろう。それでも渡航途次での遭難は絶えなかったのであった。

鑑真の船も漂着か

鑑真が秋目浦に着いたのは、中国の揚子江河口近くの黄泗浦《こうしほ》を出航してから三五日の後であった。

その間の記述をたどると、けして順調な航海でなかったことがわかる。まずは、中国を四船で出航しながら、まがりなりにも、まともに九州に着いたのは鑑真が乗っていた第二船だけであった。それも秋目に「漂着」したのであろう、と筆者は見ている。

『三国名勝図会』より

いまでは、南さつま市になっている坊津町には、南から坊・泊《とまり》・久志《くし》・秋目の四つの浦があるが、その中で秋目浦はもっとも入り口が広く、外海の風波の影響を受け安い地形になっている。この港について、江戸時代後期の地誌『三国名勝図会《ずえ》』は、

深きこと僅《わずか》に四尋《ひろ》にして、風濤《ふうとう》（かぜとなみ）高く、大船の安泊を得ずとぞ、（下略）

と述べている。

このような浦に、わざわざ入ってきたのは、すでに操船が自由にならず、やむを得ない事情があってのことであろう。

沖縄島からの北上コースは難航の連続であった。『東征伝』は、沖縄島から出航したときは、「多禰（種子島）に向かって去る」とあったが、七日後に着いたのは「益救（屋久島）」であった。

種子島には国府（島府）があったから、そこに寄航すれば食料の補給をはじめ、情報の伝受などに便がよかったと思われる。ところが、着いたのは屋久島であった。すでに操船機能に支障が生じていたのであろう。

その後、益救島から発したものの、「風雨大発、不知四方」とあって、視界を失ったまま、風雨にさらされている。その合間にやっと「浪上見山頂」とあり、雲の切れ目に山の頂きが見えたという。しかし、どこの何という山なのか見当もつかないまま、秋目浦に着いている。

このように、ただ海上をただような状態が一昼夜以上続いたあとに、やっとの着岸であった。この記述から見ると、漂着と推察するのが当を得ているように思われる。

十二月二〇日に秋目浦に到着した鑑真は、その六日後には大宰府に着いている。この行程を歩行と考えることはまず不可能に近い。当時の他の記録から見ると、薩摩国府（旧川内市）から大宰府まで歩行で九日を要している。秋目浦からの歩行となると、さらに数日は余計にかかる。
馬や輿《こし》を考えても悪路続きで、盲目の鑑真には無理ではなかろうかと思われる。そこで、筆者は秋目浦で小船に乗り換えて、八代海・有明海の内海コースを考えてみた。そして、筑後川の河口から河川を利用すれば、大宰府への水路が続いている。また、鑑真も身体を横たえたままで行けるのではないかと。

このコースなら、六日で何とか大宰府に到着可能である。天平勝宝五年（七五三）十二月二六日の大宰府到着は、このようなコースでようやく実現したのであろう。遣唐副使大伴古麻呂の第二船に乗った鑑真一行は、十一月十六日に中国本土を発って、日本に向かったのであった。おそらくは、翌年正月の平城京での朝賀の儀式には参列できるつもりであったはずである。しかし、予想しなかった難航となり、日本本土到着後はかなり苦しい日程となり、急いではみたが、結果的には正月前の奈良到着は実現できなかった。

ようやく、平城京羅城門についたのは、翌年の二月五日であった。

八章　鑑真和上の来日をめぐって②

鴻臚館跡地の発掘

鑑真和上は、日本への渡航を試みること六回目にして、やっと念願の望みを果たした。

天平勝宝五年（七五三）十二月二十日、薩摩国秋目浦に着き、すぐに大宰府に向い、十二月二六日には大宰府に着いた。といっても、大宰府政庁ではなく、鴻臚館《こうろ》と呼ばれている迎賓館《げいひん》であった。外国からの賓客を接待するための施設である。鴻臚館の前身は八世紀には筑紫館《つくしのむろつみ》の名称であったらしい。

鴻臚館跡の発掘（福岡市。旧・平和台球場）

福岡市の繁華街天神《てんじん》の近く、旧平和台球場の一帯が鴻臚館跡地で、二十数年以上前から発掘調査が進められている。

この遺跡から出土する遺物は、じつに多彩である。中国の一世紀の古銭「大泉《たいせん》五《ご》十《じゅう》」、越州窯《えっしゅうよう》青磁、イスラム陶器、ガラス製品など。それらのほかで注目されるのは、古代ではめずらしくトイレが見つかっている。トイレは男用・女用別々に造られていたこと、トイレットペーパーが木片であったことなど、すべて新しい発見であった。出土品の一部は、遺跡内の展示場で公開されているので、ぜひお立ち寄りを。

鑑真は疲労困憊《こんぱい》

鑑真一行は鴻臚館にしばらく滞在し、たまっていた疲労の回復をはかったとみられる。荒海を長期間航海しただけでなく、失明の身の上である。さらには六六歳の高齢であったことも加わって、体調の回復は容易ではなかったはずである。

鑑真が難波に着いたのは、翌年の二月一日であった。その間の日程については、『東征伝』に記録はない。したがって、その間は推測するしかないが、難波までの瀬戸内海の航程を考慮して、正月前後の約二〇日の間は、大宰府鴻臚館で静養したと考えられよう。その間の一月十二日には副使の大伴古麻呂から朝廷に、和上が大宰府に到着したことが伝えられている。

難波から大和に向う、その間の二月三日には、河内国で大納言の藤原仲麻呂の出迎えを受け、五日には平城京の羅城門外で王族・貴族・僧侶たちから「迎拝慰労」され、その後東大寺に案内され安置されている。

鑑真は、平城京に到着後、徐々に体調が回復し、四月には授戒の行を勤めるまでになった。授戒には「三師七証」が必要である。すなわち、三人の高僧と七人の立会人がそろわなければならないが、鑑真とともに来日した弟子たちがその役割を果たした。

鑑真像

最初に戒を授けたのは、東大寺大仏殿前で聖《しょう》武《む》上皇、孝謙《こうけん》天皇、光明皇后であった。その後つぎつぎに戒を授け、四百四十余人にのぼったという。

そして、翌天平勝宝七年（七五五）には、東大寺に戒壇院が建立された。いうまでもなく、日本最初の戒壇院であり、鑑真はようやく使命を果たした思いであったに違いない。

思い起こせば、日本僧栄叡《ようえい》・普照《ふしょう》と中国揚州の大明寺で会い、二人の要請を受けてから、すでに十三年の年月が経っていた。

その四年後（七五九年）、念願の永住の寺、唐招提寺《とうしょうだい》が平城京右京に創建され、鑑真は日本における拠《より》所を得ることになった。ここは新田部《にいたべ》親王（天武天皇の皇子）の旧宅を賜わって開創したのであったが、翌年には平城宮の東朝集殿《ちょうしゅうでん》を譲り受け、講堂が造営された。平城宮の建物のなかで、いまに残る唯一の遺構である。

このころ、藤原氏の中心人物藤原仲麻呂が食堂《じきどう》一棟を施入したと伝えられている。

仲麻呂は、かつて鑑真が難波に着いたとき、大納言として河内国まで出向き、和上の来日を歓迎し慰労もしている。このような仲麻呂の動向からして、藤原氏が鑑真を後援していたことが知られる。

天平宝字七年（七六三）、弟子の忍基《にんき》は講堂の梁《はり》が折れる夢を見て、鑑真の死が近いことを予知して、鑑真和上の像を造っている。その完成後まもなく、和上は入寂《にゅうじゃく》（死亡）した。七六歳であった。訪日後十年が経っていた。

いま、奈良市西の京と呼ばれる地域に、薬師寺と唐招提寺が南北に並んで立地していて、両寺ともに拝観者が絶えない。しかし、両寺を訪れて感じることは、薬師寺の動に対して、唐招提寺は静の雰囲気がただようことである。唐招提寺は落ち着いたたたずまいを見せているので、拝観者の層もいくらか違っているように思われる。

唐招提寺（正面は金堂）

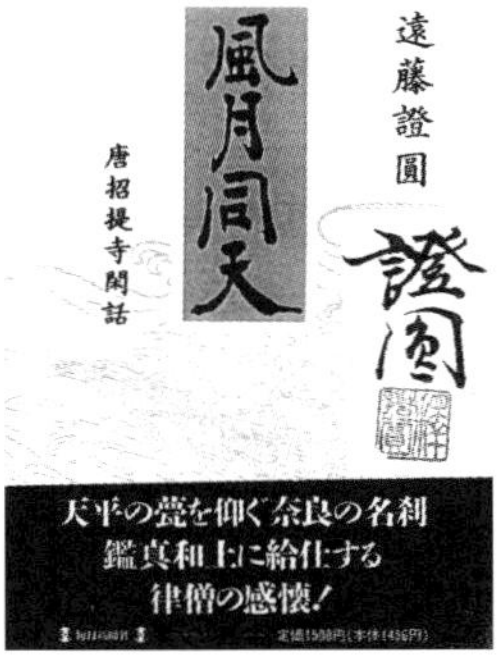

もう二十年近くも前になるが、筆者は「鑑真和上」を主題とするシンポジュウムに、唐招提寺の遠藤證園執事（当時）と壇上で同席させていただいたことがあった。その折に遠藤師よりご著書『風月同天』を署名入りで頂戴した。

「風月同天」の語句は、長屋王《ながや》（天武天皇の孫）がかつて唐の衆僧たちに千領の袈裟《けさ》を贈り、その縁《ふち》に記してあった刺繍《ししゅう》の文句「山川異域　風月同天」（山川は域を異にするが、風月は同じ天にあります）の一部である。遠藤師によると、このことばが鑑真和上の来日伝戒の決意を促した主因であったという。

となると、栄叡《ようえい》・普照《ふしょう》が鑑真に来日を要請する以前に、長屋王の誠意と行動が、すでに鑑真の日本渡航を決断させていたことになろう。

なお、この長屋王の話は、『唐大和上東征伝』および『東征伝絵詞』にも載せられているが、筆者はその袈裟の数があまりにも多いことなどから、この話の一部にやや疑問を抱いていた。しかしながら遠藤師の熱のこもった口調におされて、その疑問には触れないままであった。

鑑真は佐賀に寄り道か

鑑真が秋目から大宰府まで六日間で移動したことについては、前に述べた通りである。すなわち、七五三年の十二月二十日に秋目に着き、同月二六日には大宰府に入っている。

その行程は尋常ではないので、筆者なりにその移動手段とコースを考えてみたのであった。そのいっぽうで、鑑真は大宰府への途次、佐賀に立ち寄ったとの説がある。それは鑑真研究の先駆者安藤更生氏が主張されたもので、著書『鑑真』で取り上げている（一九六七年、吉川弘文館）。

筆者は、この説は成り立ち難いと考え、あまり考慮しないまま、打ち過ぎていた。ところが、安藤氏の説が、思いがけないところから再燃し、いまでは真実のように語られるようになってきて驚いている。

事の発端は、「佐賀県日中友好の翼」先遣隊の団長として訪中した一人の県会議員の見聞にあったという。一九七五年五月のことである。

その県議が北京の中心地にある歴史博物館で見た鑑真和上の「渡日経路」地図に、佐賀の有明海側に「鹿瀬」の地名が記されており、そこが鑑真の上陸地になっていることを見つけたのであった。

鹿瀬は、現在は「嘉瀬」の文字で表記され、嘉瀬川の河口一帯の地域名である。この嘉瀬川の河川敷は、バルーン（熱気球）をあげる大会などの開催地となっていて、愛好者間ではよく知られている。なお、嘉瀬川の中流（旧、大和町）には、かつて肥前国府があり、いまは史跡公園になっている。

鑑真和上の「渡日経路」地図は、筆者もかつて北京の歴史博物館で見学したことがあるが、その地図は、安藤更生氏の著書『鑑真』に掲載されていたものが原図とみられ、一部に中国的表記があるものの、基本的にはほぼ同じものとみられる。したがって、「鹿瀬」の表記も、安藤氏の地図にもとづく記載で、とくに中国側に鹿瀬上陸を示す史料がある、というわけではないようである。

地図の一部を中国的表記に修正した箇所は、「東支那（シナ）海」を「東海」と改めるなど、筆者も以前、中国での研究発表の際、資料を修正された経験があるので、ほぼ見当がつく。

ところで、安藤氏が鑑真の鹿瀬上陸にこだわる背景は何であろうか。まず、『東征伝』など鑑真にかかわる直接史料には出てこない地名である。となると、何にもとづいての主張であろうか。

安藤氏が鹿瀬にこだわるのは『平家物語』や『源平盛衰記』などに出てくる、鹿瀬荘（嘉瀬荘・賀世荘）という平教盛《のりもり》（清盛の弟）の家領（荘園）が存在したことからの類推によるものであった。

安藤氏の「鑑真和上行迹図」（部分。同氏著書より）

というのは、一一七七年の反平家の陰謀、いわゆる鹿ヶ《しし》谷《たに》事件で鬼界《きかい》島（現硫黄島）に流罪となった平康頼《やすより》らは、のちに赦免されて帰京の途次、この鹿瀬荘に寄り、しばらく滞在したことになっている。そこが平氏一門の所領であったことからすれば、康頼をその地で休養させるのは、ごく当然ともいえる措置である。

鬼界島は、鑑真の船が寄航した屋久島の北北西に立地している。安藤氏は、この立地からして、南方から北上してくる船のコースとして、八代海から有明海への海路を想定したのであった。この想定には妥当性があり、筆者にも参考になったのであったが、鑑真が鹿瀬に寄航しなければならない理由は見出せない。

大宰府へのコースを急いでいる鑑真にとっては、鹿瀬寄航は遠回りでしかないはずである。ちなみに、古代の大宰府までの行程を記した『延喜式《えんぎしき》』（主計）には、その道のりを「筑後国　行程一日」とある。それに対し「肥前国　一日半」とある。

筑後国の国府は、現在の久留米市であり、筑後川沿いである。いっぽう、肥前国の国府は佐賀市の北方、旧大和町で、鹿瀬からさらに半日はかかりそうである。

なお、平康頼らの話は十二世紀のことであり、鑑真らの話は八世紀のことであるから、そこには四百年の年代差があることも無視できないであろう。というのは、その間に荘園が発達し、年貢米などの積出しのために船の停泊施設などが築造された可能性も十分に考えられるからである。

造作される歴史

二〇〇二年（平成十四）七月、九州高等学校歴史教育研究協議会の第三一回研究大会が鹿児島県川内市（当時）で、二日間にわたって開かれた。その一日目午前中は総会・記念講演にあてられていた。

全九州から高校の日本史・世界史担当の教師が集まる大会で、筆者は講演を依頼されて「遣唐使船で来日した人びと」の題で話をした。川内市はかつての薩摩国府の地であり、日本史にも世界史にもかかわる内容の話として、この題にした。

講演の要旨は、七三六年に薩摩に寄航した遣唐副使・中臣名代《なしろ》の第二船（帰路）には天竺《てんじく》（インド）僧・林邑《りんゆう》（ベトナム）僧・唐僧などが乗船しており、来日から十六年後の東大寺大仏の開眼会《かいげんえ》で、それぞれが重要な役割を果たしたことを述べた。

また、鑑真については、遣唐使船が南島路を通航する場合の薩摩までの具体的航程のわかる例として参考に供した。しかし、薩摩から大宰府までの行程については、ほとんどふれなかった。

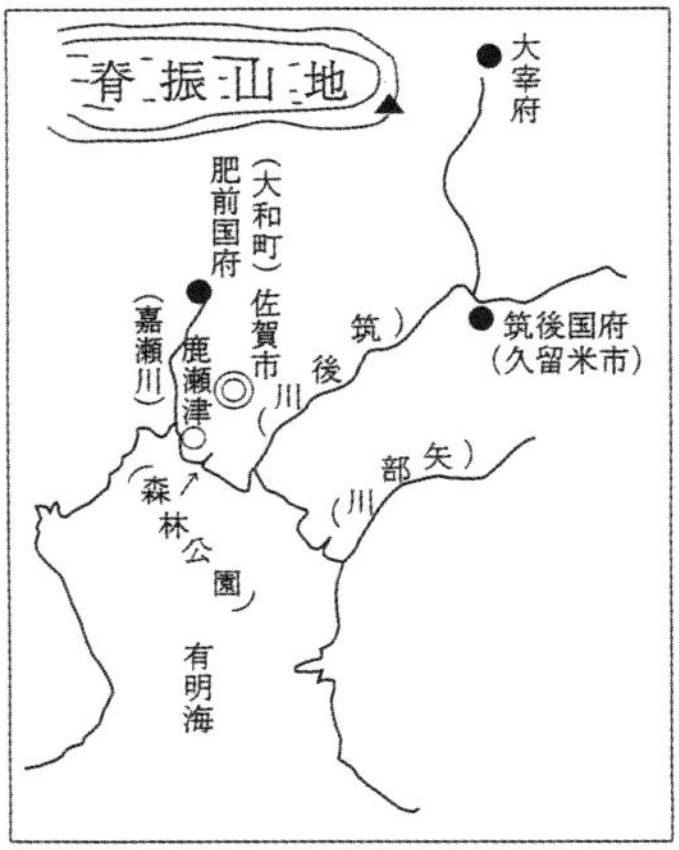

有明海奥部の略地図

ところが、講演終了後、会場から質問があり、佐賀に鑑真「鹿瀬上陸」の記念碑が建てられていることについて、どう思うかということであった。そこで筆者は、それは史料にないことであり、事実としては疑問が多いことだ、と短く応答して降壇した。

その後、筆者は控室に戻り、帰りの準備をしていると、別の人物たちが控室に訪ねて来て、あの記念碑が佐賀の高校生にどんな影響をもたらしているかを語り始めた。

筆者も、嘉瀬川の河口に近い佐賀県立森林公園内に鑑真上陸碑があることは知っていたが、佐賀の高校教師たちが、その上陸碑にとまどいを覚えていることを、じかに聞いて少々困惑した。

その日の午後は、筆者に予定があってじっくり話を聞く時間がなく、実情の一部しか聞くことができなかったが、あとで主催者に聞くと、当日、佐賀県から出席した教師は二十名（十九校）であったという。

歴史学で厳しく言われることは、ある事実を述べるとき、どのような史料にもとづいているか、ということである。史料は主として文献であり文字である。文献史学といわれるゆえんである。

そのいっぽうで、考古学では発掘された資料が主となる。資料は石器・土器・金属器やその他の遺物と、建物やその他の築造物などの遺構である。ときには火山噴出物や地震・津波の痕跡なども対象となる。

鑑真が鹿瀬に上陸したことを示す史料も資料も見出せない。それは安藤氏の仮説でしかないであろう。

佐賀県の高校教師たちは、その仮説がいつの間にか定説化していることを憂えているのである。

さきに紹介した唐招提寺の遠藤證園師は著書『風月同天』のなかで、「私も日程的な制約からみて、海路をとったと思うが、有明海から鹿瀬には上陸せず、天草灘を北航し博多まで行ったと考えるのはどうであろうか。」と述べて、鹿瀬上陸を否定している。ただし、筆者は「天草灘を北航」という表現には、疑問を感じている。

日中友好の精神的原点

鑑真和上が、その生命をかけて日本仏教の基盤確立と発展に尽したことは、二十世紀の日中両国の人びとに、再び感動をもたらすことになった。

それは、一九八〇年に唐招提寺の鑑真和上像の里帰り展に、中国各地の人びとが熱狂的歓迎態度を示したことに、よくあらわれている。

そのときの様子の一端を、『鑑真和上像　里帰り二十周年展』(朝日放送　一九九九年)の記事から引用してみたい。

一九七九年十一月十九日、国宝鑑真和上像中国展の日程が主催者から発表された。それによると、出発は八〇年四月十三日、大阪空港から上海経由で鑑真の出身地・揚州へ。そこで七日間公開。続いて北京へ移り、天安門広場にある中国歴史博物館で九日間公開、さらに北京市内の古寺・法源寺へ会場を移して七日間公開する。帰国は同年五月二十八日。森本孝順長老は唐招提寺の伝統行事「中興忌・うちわまき」のため一時帰国するが、ほぼ全期間、和上像に付き添う——というものだった。

中国側の受け入れ準備は中国仏教協会が中心になって進められた。文化大革命中に荒れた鑑真ゆかりの寺は、真っ先に修復され、四散していた僧たちも次々に戻っていた。里帰り展の第一会場となる江蘇省揚州市の法浄寺は和上の出身寺院。約二億円をかけて境内を整備し、傷んだ建物や庭園を修復、これを機会に寺名を八世紀の「大明寺」に戻した。同寺は中国にとって中日友好の切り札的存在の寺院。このため周恩来氏らの働きかけで紅衛兵も手を出さなかったと伝えられる。それでも文化大革命中は維持管理が十分でなく、かなりの荒れ寺になっていた。

日本では、アイデアマンの森本長老が中国への手土産の準備を進めた。一つは大明寺へ贈る高さ三メートルの八角石灯籠。香川県庵治で採石した花崗岩を奈良市の石材業・左野勝司氏が加工した。大明寺には桜の苗木も三百本贈る。二百九十本は奈良県の名物吉野桜、あと十本は奈良八重桜。三月下旬から苗木の掘り起こしが進められた。法源寺へは日本で出版した「大正新修大蔵経」全百巻を贈ることにし、長老が一巻ずつ巻末に署名した。中国での鑑真の足跡をたどった記録映画「友誼之門」や、井上靖の小説「天平の甍」（熊井啓監督、田村高廣主演）の映画化も進み、日本での鑑真ブームも頂点に達した。（中略）

揚州での里帰り展は四月十九日に始まった。午前八時半にまず八角石灯籠への献灯式があり、孝順長老が自ら灯籠に火を入れた。続いて記念品の交換があり、大明寺の住職・能勤法師に桜の苗木などの贈呈目録が手渡された。

里帰り法要は午前九時から紀念堂の和上像前で始まった。森本長老と、別便で揚州入りした清水公照・東大寺別当、松本実道・西大寺長老、多川乗俊・興福寺管主、河野清晃・大安寺貫主、京都から加わった小松道圓・泉涌寺長老が読経、奈良からの参拝団約百人も和上を称える和讃を読み上げた。日本僧はいずれも和上ゆかりの寺の代表者である。大雄宝殿では中国僧約百人が大明寺の本尊前で和上歓迎の法要を営み、その後、東側の丘にある紀念堂へ移った。僧たちは鎮江、南京、上海、蘇州など江南各地の寺院から駆けつけた。中国僧がこれほど多数、一堂に集まったのは文化大革命以後初めてという。

法要が終わった午前十時半すぎに一般公開が始まった。開場前から詰めかけた市民は約二千人。入場門が開くと一斉に紀念堂へ向かった。午後になると入場者はさらに増え、行列は蜀岡のふもとに数百メートルも延びた。あまり広くない紀念堂内では立ち止まることを許されなかった。合掌したり、ひざまずいたりするお年寄りもいたが、できるだけ大勢に見てもらうことを基本方針にした中国側警備員によってすぐに外へ連れ出された。初日の入場者は約二万人を数えた。

大明寺での和上像公開は二十五日までの一週間だった。揚州や近隣地域はもちろん、三百キロも離れた上海から駆けつけた参拝者もいた。揚州市の歓迎委員会は、入場者の危険防止のために紀念堂への石段二カ所に竹のゲートを作って人数を調整、さらに百―二百人ごとに十メートルずつ空地を作って行列が一気に紀念堂になだれ込まない対策もとった。

蜀岡のふもとの畑は、拝観者のための臨時自転車置き場になった。このころの中国は自転車が交通手段の主力。続々と詰めかける自転車は数千台にのぼり、畑は自転車で埋まった。最終日に百キロ以上もペダルを漕いでやってきたという青年は「疲れは感じないが、待つのが大変」と一キロほど延びた行列の末尾につけた。会期一週間の入場者は二十一万人。初めの三日は二万人ずつ、四、五日目は四万人、六日目は悪天候で二万人に減ったが、最終日は五万人以上が入場した。歓迎委員会は入場時間を一時間延長したが、押し掛ける人の波をさばききれず、結局、一万人以上の入場待ちを残したまま閉会した。

この鑑真和上像展をめぐっての、日中の人びとの熱狂的盛り上がりを見ると、いま、閉塞的状況にある両国の友好再発見の道が見えてくるようである。

九章　なぜ、鹿児島に諏訪神社が

神社数一位の諏訪神社

諏訪神社は、別名を南方神社ともいい、旧薩摩藩領内に広く分布し、その数も多い。薩摩・大隅両国と日向（一部）三国にわたる藩領の地誌ともいえる『三国名勝図《ず》会《え》』（天保十四年（一八四三）成立）によって「諏訪（諏方とも表記）」の名称をもつ社を数えると、九〇社をこえる。

現在も、鹿児島県下の該当社は一一〇社を上まわり、県内の神社総数（一、一三一社（『鹿児島県神社誌』）の約一〇パーセントを占めている。なかには、江戸時代には諏訪神社の名で呼ばれていた神社が、現在では別の名称になっている神社もある。たとえば、鹿児島市長田町にある「長田神社」は、かつては「福ヶ迫諏訪社」と呼ばれていたが、明治初年に現社名に改称されている。

諏訪神社が多い地域は全国的に見ても、他には見出し難い。全国には神社が七万九千余社あるが、群を抜いて多いのは八幡神社で、七千八百余社あり、約一〇パーセントである。この傾向には地域的片寄りがほとんど見られない。

全国を北海道・東北、関東、北陸・甲信、東海、近畿、中国、四国、九州の八地域に大別しても、それぞれの地域で最も多い神社はいずれも八幡神社である。

ところが、鹿児島では諏訪に次ぐのは菅原、熊野、稲荷などの神社で、その次に八幡神社が入る。いっぽう、諏訪神社の分布を全国的視野で見ると、八幡神社に次ぐのは伊勢、天神、稲荷、熊野などの神社で、その次に諏訪神社が入る。

このように見てくると、鹿児島県における諏訪神社の数の多さの特異性が際立ってくるであろう。その背景と、周辺の事情をさぐってみたい。

薩摩と諏訪の関係

諏訪は信濃国（現、長野県）の一地域名である。というと、諏訪に愛着をもっている人は、いい顔をしない。そこには歴史的事情があって、信濃国の南部は古代には諏訪国があって、一国として独立していたことに遠因があるらしいのである。また、近代になっても県庁所在地である長野市が県域の北端近くにあって、県域の南部に立地する諏訪地方とは隔越していることにもよるという。

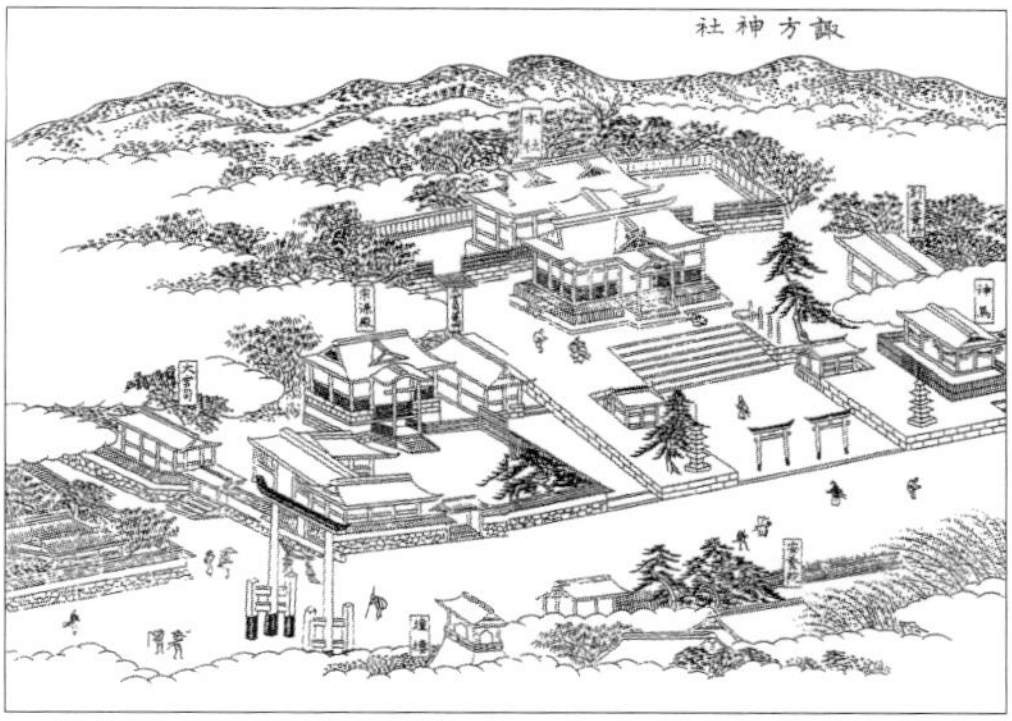

五社筆頭の諏訪神社（『三国名勝図会』より）

そのような事情はひとまずおくとして、薩摩と諏訪とは、どんな関係があるのであろうか。

まず、古代の薩摩国には、地域を大隅国まで広げても、「諏訪」の名称をもつ神社は見当たらない。また、諏訪の別称である「南方」の名称を持つ神社も見出せない。となると、中世以後に、南部九州に入ってきた神社らしいという、およその推測ができる。

その答えは、『三国名勝図会』にあった。その記述によると、江戸時代の鹿児島城下には「鹿児島五社」と呼ばれた、有力な五つの神社があり、その第一が諏訪神社であった。ちなみに、第二以下を記すと、祇園（八坂）神社、稲荷神社、春日神社、若宮神社の順であり、五社はすべて城下北部の上町《かんまち》と呼ばれている古い城下町の地域に所在していた。

鶴丸城以前の中世の城郭は、東福寺城《とうふくじ》（多賀山奥）、清水城《しみず》（現・清水中学校と背後の山）、内城《うちじょう》（現・大龍小学校）と変遷したが、そのいずれもが上町地域であったから、神社のみならず、有力寺院の浄光明寺（現・南州墓地）、福昌寺（現・玉龍高校）、大乗院（現・清水中学校）なども上町地域である。

『三国名勝図会』には、さらに重要な記述がある。というのは、島津初代忠久は源頼朝から文治二年（一一八六）正月に信濃国塩田荘の地頭職に補任され、同五年には陸奥の藤原泰衡《やすひら》征討のために出兵した際に、信濃国諏訪大明神に戦勝を祈願して軍利があり、功成りて凱旋した、とある。

また、忠久は承久三年（一二二一）五月には、信濃国大田荘地頭職にも補任されている。したがってその後、薩摩入部にあたって、最初の拠点であった薩摩国出水郡山《やま》門《と》院に諏訪の神霊を勧請《かんじょう》し、島津氏の武神として尊崇し、ついで鹿児島に拠点を移したときには、本府の総廟《そうびょう》（代表神）として敬重したと伝えている。

このような経過をたどってみると、島津氏の前史が信濃にあって、その地で諏訪神を尊崇してきた事情がわかり、その武神としての性格が、鹿児島五社の筆頭にあげられてきた背景が理解できるようである。

ついでに述べると、全国的に八幡神社がその多さで一位を占めていたが、それは武家社会以降では八幡神の武神的性格が好まれた結果であり、それが鹿児島では諏訪神であったということであろう。

諏訪神社と南方神社

神社に関心をもっている方が、ときに筆者に疑問を投げかけられる。それは、諏訪神社と南方神社は、親子の関係なのか、兄弟の関係なのか、それとも夫婦の関係なのか、その類の問いである。

かつては、筆者も同じような疑問をもった時期があった。ところが、神社の所在地周辺を歩きまわったり、文献を見ている間に、その疑問がしだいに解けてきたのであった。

まずは、神社周辺の地名は「スワ」であるのに、神社名は「南方」の例にしばしば出会ったのである。「南方」の読みは、「ミナミカタ」であったり、「ミナカタ」であったりと一様ではない。

このような場合、歴史的考え方として推測できるのは、地名は変化しにくいという原則であろう。この原則に立つと、神社名は「スワ」が本来の名称であり、周辺地名もそれが定着して通用していたが、ある時期に神社名だけが「南方」に変わった、と見当づけて調べてみることである。

現に、江戸時代までの文献では「スワ」の名称であった神社が、明治以降「南方」に変わった例がいくつも見出される。鹿児島五社の筆頭であった「スワ」神社が江戸時代までの呼称であったが、明治以後に「南方」に変っている。しかし、周辺地名は古いままで、いまでも八月末にスワ市《いち》が開かれ、農具をはじめ雑貨などの市として知られている。

このような神社の名称変更に一つの手がかりを与えてくれるのは、『枕崎市史』(昭和四四年刊)の記述に、「鹿籠《かご》(枕崎市内の地域名)においては明治五年、神官本田出羽が臨検して、諏訪上下《かみしも》大明神を南方神社に改め」たとあることである。

本田出羽は、『三国名勝図会』に五社筆頭の「正一位諏方(訪)大明神社」の「大宮司職正五位下本田出羽守親徳」の名が見えることから、その系統に属する人物で、おそらくは旧藩領の諏訪系神社の神官の頂点に立つ地位にあったと推察される。

そのような高位にあった本田出羽が、廃仏毀釈をへて、廃藩置県後の神社組織の再編制にあたり、その一環として諏訪系神社の名称変更を手がけたものとみられる。その一端が『枕崎市史』に「明治五年」のこととして記されているのであろう。

しかし、この名称変更は旧藩領では徹底したものとはならず、さきに述べたように、両名称が混在する結果に終って、現在にいたったようである。

ところで、その名称変更にはどのような根拠があるのであろうか。それが、祭神にもとづくものであろうことは容易に想像できる。旧藩領では諏訪神社は上《かみ》・下《しも》二社の例がしばしば見られる。また、上・下二社は境内は共通にしていても、鳥居は左・右に並立させている例がある。

鹿児島五社の筆頭であった「諏方神社」の記述には、「祭神二坐、其一坐は、建御《たけみ》名方命《なかたのみこと》、是を上社と称し、一坐は事代主命《ことしろぬし》、是を下社と称し奉り、（中略）上社を左位に崇《あが》め、下社を右位に崇め、（下略）」とあり、鳥居も左・右に並立させている。

このように、二坐を上・下で祀るのが基本型であったものを、上社のタケミナカタの一坐に統合し、その祭神を主神としたものとみてよいであろう。その際に、タケの「建」は神名を形容した用字であるから、ミナカタで通用させ、「南方」の字を宛てたのではなかろうか、と思われる。したがって、読み方も「ミナカタ」が正しいのであろう。

とはいえ、「南方」の用字にも根拠があった。というのは、古代の神社名を記した『延喜式』（神祇）では、信濃国諏方郡に所在する「南方刀美《みなかたとみ》神社二座」とあり、「南方」の表記が用いられているからである。この表記からすると、旧薩藩領で「南方」としたのもそれなりの根拠があったといえよう。

信濃・諏訪大社探訪

諏訪大社を訪ねたいと思いつづけていたが、やっと十数年前に実行することができた。長野県への旅は、学生時代に北部の長野市で善光寺を拝観し、それから北東へ歩いて宿坊で泊り、戸《と》隠《がくし》山に登り、さらに東に下り、野尻湖畔でキャンプのまねごとをして、テントで一泊した記憶がある。

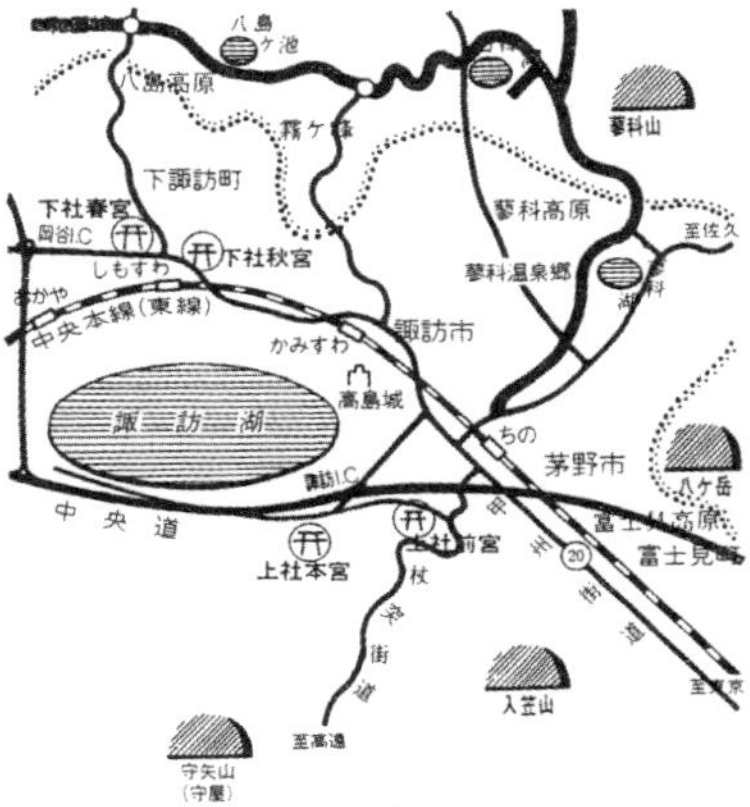

上社・下社鎮座位置略図

それ以来の旅であった。名古屋までは飛行機であったが、それからは陸路で松本をめざした。列車が途中から木曽川沿いを走ったが、この川には大きな丸石がゴロゴロしていて、それまで見てきた川の風景とは違っていたので、さすが山岳地帯を流れ下ってきた川だ、とつい見とれてしまった。

松本で宿をとり、翌日諏訪大社を歴訪し

たのであったが、諏訪湖をはさんで南・北に二社ずつ、計四社（四宮）あるので、途中車を利用したが、それでもたっぷり一日かかった。

まず、諏訪湖南側の東寄りに立地する上社前宮から拝観した。意外に参拝者が少なく、樹木の中にあり、寂しい感じがした。つぎに西寄りの上社本宮を拝観した。「本宮」といわれるだけあって、参拝者も多かった。

筆者がまず確認したかったのは、社殿の周辺に建てられるという御柱《おんばしら》の状況とその意味であった。御柱は木落《きおと》し・里曳《さとひ》きなどの行事で知られている。上社本宮の神官の話によると、ほぼつぎのようなことであった。

御柱は、上・下四宮にそれぞれ四本ずつ建てられるので、計十六本伐り出されるという。そのうちの上社二宮の八本は八ヶ岳の社有林から、下社二宮の八本は霧ヶ峰の国有林からそれぞれに選定され、氏子や周辺住民の手によって数日かかって各宮に運ばれるが、その間に木落し、里曳き行事がともなうという。

御柱の大きさは、最大のもので長さ五丈五尺（約十六．五メートル）・周囲一丈（約三メートル）、樹種は樅《もみ》の木となっているが、最近では大きさ・樹種とともに規定のものを山中で見出すのが困難になってきているという。

御柱の建て替えは、通称では「七年目ごと」となっているが、寅《とら》年・申《さる》年がその年にあたるので、実際は満六年ごとになる。各宮四本の柱がどのように配置して建てられるのか。まず、それを確認した。いずれも社殿に向かって右手前に「一之御柱」、左手前に「二之御柱」そして時計回りに背後にめぐり、左後方に三、右後方に四と配置されている。どの御柱も樹皮がはぎとられ、白木になっているので、もともと樹種判定に自信のない筆者には、見分けは困難である。また、木の高さ・太さも聞いた丈尺には足らないと感じた。それでも大木である。

諏訪大社・上社（本宮）

そのような各宮の御柱の配置のなかで、やゝ奇異に思ったのは上社本宮の御柱配置である。本宮の御柱だけは拝殿・神居（神殿）をめぐって、一～四の御柱が順当に建てられていないことに、あとで気づいたからである。というのは、本宮を拝観した際に御柱のうちの二本が見つからず、神官に二本がどこにあるのかを尋ね、ようやくその位置を木々の間に確認するうちに、一と四の御柱の位置を錯覚してしまったのであった。そこで、あらためて「一之御柱」の標識を確かめて、その場所から拝殿・神居を見ると、それらは後代に新しく移された社殿であると推測できた。とすると、「一之御柱」「二之御柱」の間の建物、二棟の「宝殿」が重要であろうことが認識できるようになった。

宝殿はほぼ北向きで、二棟は向って左が東宝殿、右が西宝殿となっている。そして、両宝殿の後方（南の位置）には神体山の守矢山（一六五〇メートル）が立地しているという。御柱・宝殿の配置と、神体山の位置からして、上社本宮の古相がようやく見えてきた。それとともに、御柱は諏訪大社の歴史を探る手がかりになるとも感じたが、何のために建てたのかが、つぎに問題になろう。

御柱の創建は『諏訪大明神絵詞』（室町時代初期の小坂円忠の著）によると、八世紀末の桓武天皇の代で、建て替えは現在までにすでに二〇〇回をこえるといわれる。また御柱を建てる意味については、風・雨を鎮めるため、四方の四神（守護神）としての役割、神域を明示するため、神の依代《よりしろ》、本殿の代り、さらには社殿建て替えの代りなど諸説があるが、おそらくはこれらのいくつかが複合された意味づけができるのではなかろうか。なお、上社本宮の両宝殿は御柱祭ごとに交互に建て替えをすることになっており、その宝殿内には諏訪神の神輿《みこし》が納められているというので、原初的本殿の役割をもつとみられる両宝殿との関連をも考慮する必要があろう。また、御柱祭には「諏訪大社式年造営御柱大祭」と書いた幟《のぼり》が立てられるというので、参考のために記しておきたい。

いずれにしても、諏訪社とその信仰形態は千年以上の時間の経過のなかで、変貌して現在に至っている。そのことを前提にして、現状を観察する必要があろう。

上社二宮を拝観後、諏訪湖東岸をめぐって北上し湖北に出た。そこに下社二宮がある。下社秋宮と下社春宮である。諏訪湖の湖面標高は七五九メートルあり、冬期には結氷しスケート場になるという。また、湖面の割れ目に沿って湖面を横断するように結氷が盛り上がると、上社と下社の間を神が通行した「御神渡《おみわた》り」の現象が見られる。

そんな話を聞きながら、下社二宮を巡拝したのであった。下社二宮は、参拝者が多い感じであった。下社二宮のある下諏訪は、江戸時代には中山道と甲州道中の合流する宿場町で、天然涌出の温泉もあったことから、旅籠《はたご》も四十軒以上あり、本陣や問屋場もあって賑わったという。いまもその残影があって、往時をしのぶことができる。

下社二宮のうちでは、春宮の御柱立て替えにともなう木落しがよく知られている。各宮の木落し・里曳きのうち、もっとも勇壮で見物人が多く押しかけるという。

春宮東側の道路を入って、その場所を案内してもらった。しばらく行くと右手の崖状の急勾配が見え、その場所だという。その上から御柱材が下に向って落とされるという。御柱材の上に男たちがまたがり、柱と共に降下する姿に、人びとは熱狂する。男たちの中から負傷者が出るのは例年のことで、ときには死者も出ることがあるという。

諏訪の上・下四宮を巡拝して、各所で見聞すると、諏訪神は風神であり、また狩猟神の神格であるらしい。ところが、鹿児島では武神の性格が強く、風神・狩猟神的性格は二次的であり、神格に変異があるように思える。そこで、鹿児島の諏訪神社の祭礼の様相を、江戸時代の文献にのぞいてみたい。

城下・諏訪神社の祭り

鹿児島五社の第一とされる諏訪神社では、毎年七月二八日が大祭（正祭）で、この日に向けての準備が二か月程前から始まっている。

まず、武家から二人の童児が選ばれて「頭殿」と呼ばれる役につく。頭殿たちは、神社近くに設けられた茅葺《かやぶき》の頭屋で六月朔日《ついたち》から御籠《おこも》りをする。それから約一か月は「別火斎居」の生活である。食事と身辺の世話役がついての別居生活とみられ、その間に童児たちはおよそ「百の儀式」を経て、神に変容していくものと想定されたようである。

そして七月朔日を迎える。その日のようすは、白尾国柱《くにはしら》が文化九年（一八一二）に著述した『倭文麻環《しずのおだまき》』に絵入りで紹介されている。

図絵は、同社南に位置する祇園の浜で頭殿に指名された二人の童児が禊《みそ》ぎをするようすで、禊ぎは「潮かかり」といわれ、童児二人はそれぞれ男の肩にかつがれ、傘をうちかけられている。絵の中の文によると、それは神話のイザナギノミコトの檍《あおき》が原における禊ぎの故事によるものとされている。

『古事記』によると、イザナキは死んだ妻を訪ねて黄泉《よみ》の国に到るが、妻の屍体《したい》にまとわりついている数々の穢《けが》れを見て恐れ、この世に逃げ返ってくる。そこで「竺紫《つくし》の日向の橘の小門《をど》の阿波岐《あはき》原に到り坐《ま》して、禊ぎ祓《はら》ひたまひき」と、身を濯《すす》ぐ。これは神の復活・再生であり、神事では最重要事とされ、いまでも各神社の祭礼の祝詞《のりと》で唱えられている。

筆者が図絵を見て注目するのは、この禊ぎ神事を対岸の石垣の上に多くの人びとが集まり、興味を示すように見ていることである。絵の中の文にも「鶴江崎より見物す」とあり、老若・男女いりまじって、子供は親に連れられ、ある者は指をさし、その指をさされた方向の先には、まさに一人の頭殿童児が「潮かかり」をする姿が描かれている。

その「潮かかり」では、柄杓《ひしゃく》などの容器を使うことはなかったようで、裸のまわし姿の男たちが手で潮をすくい、頭殿にあびせかけている。それを刀を差した武士が数人、上下《かみしも》姿で注視している。

諏訪神社の「潮かかり」(『倭文麻環』より)

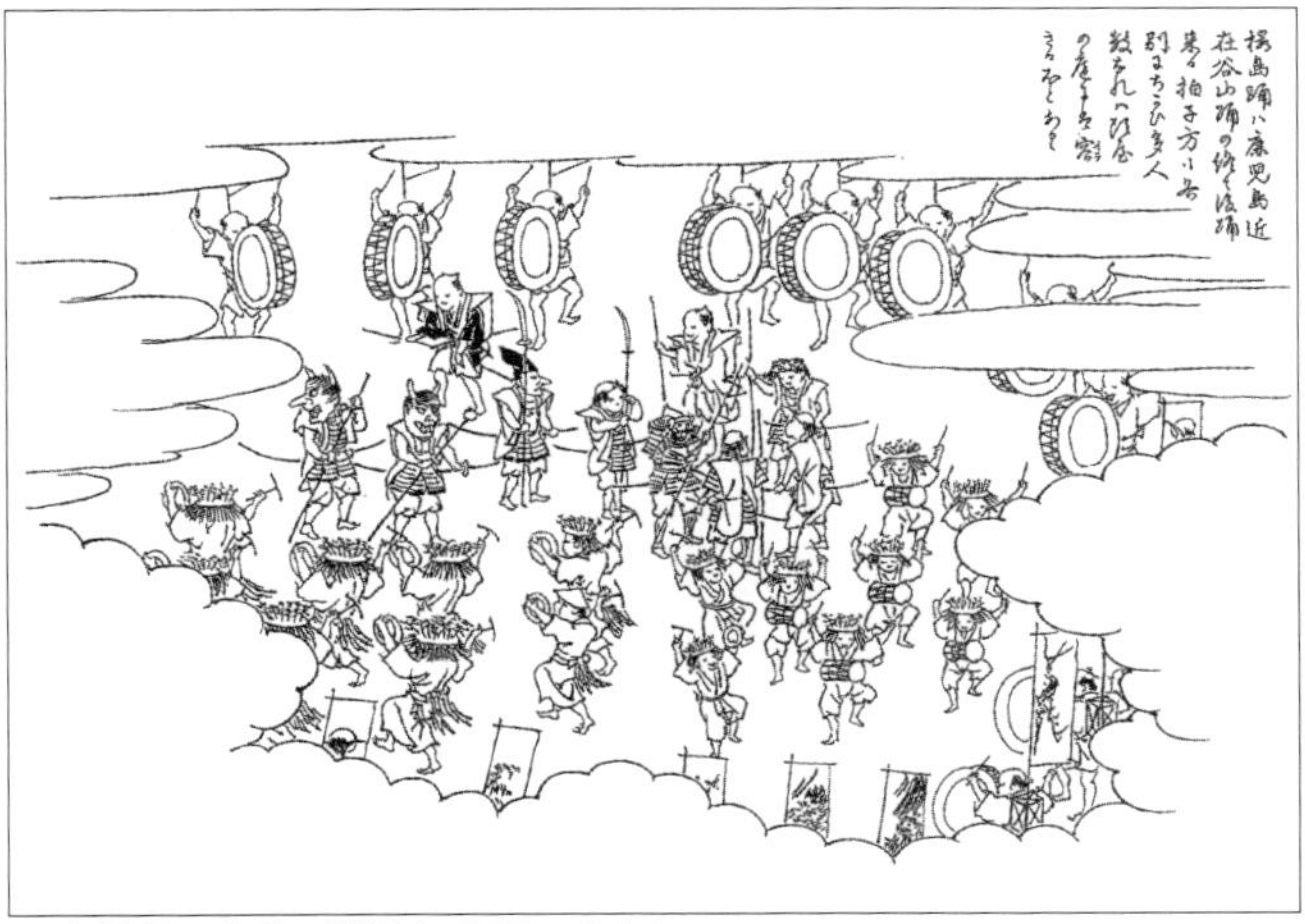

諏訪神社の祭礼(『倭文麻環』より)

鶴江崎より見物する人びとは、その服装からして町人たちとみられる。しかも。重要神事を高い位置から下方に望んで見ていることに注目したい。

民衆は図絵では見物するだけの存在として描かれているが、同じ『倭文麻環』に載せられている同神社の祭礼を描いた図絵では、祭りそのものに参加する民衆の姿が見出される。

それは桜島の人びとによる「桜島踊」である。前列には女性達が主になって鉦《かね》・鼓を打ち、後列には男たちが大太鼓を打っている。その中間には武士とみられる姿もみられる。かれらは士《さむらい》踊りを演じたのであろうか。絵の中の文によると、桜島踊りは谷山踊りの後に次いで踊られたようで、拍子方などが別をなして多人数のため、頭屋の庭には収容できなかったとある。

また、『三国名勝図会』によると、

本府諸村及ひ谷山櫻島の農夫、數日代る〳〵鉦鼓《カネタイコ》踊りをなし、又市躍《マチオドリ》・散樂《サルガク》等を興行し、人皆興を催す、とあり、本府諸村・谷山・桜島から農民が鉦・鼓などによる躍りを興行したとある。したがって、さきの鶴江崎からただ見物していた町人よりも、府下・郊外の農民たちの祭礼自体への積極的参加が見てとれる。

このように、諏訪と薩摩のそれぞれの神社の祭祀のありようを見ると、六〇〇年～七〇〇年前後の年代経過と、加えて地域差があって、その様相には隔たりが生じていることが明らかになってくるようである。

薩摩には、諏訪の御柱やそれに関わる神事は見られないという一事をとっても、その差異は明白であろう。いっぽうで、薩摩の「潮かかり」類似の神事が諏訪の湖岸で行われていなかったか、という疑問もある。というのは、諏訪社の祭神ミナカタは「水潟《みなかた》」に由来するとの説があり、湖岸水辺でのミソギを彷彿《ほうふつ》とさせるからである。また、信濃の諏訪社には御射山《みさやま》祭という重要祭儀があるが、薩摩のそれについては未解明な点があるので、今後の課題としておきたい。

十章　鑑真上陸地伝承その後

鑑真和上が佐賀に上陸したとの伝承があることを、先に紹介したのであったが、筆者はその伝承がその後、どうなっているのか気になっていた。

歴史学者の安藤更生氏の主張に、地元の一部の人びとが同調し、その輪を広げて賛同者を内外に呼びかけて募り、いつの間にか歴史事実のように作りあげていたからである。

その歴史事実まがいの伝承には少なからず問題があることを、筆者は拙著『鑑真幻影』（二〇〇五年南方新社刊）で述べたことがあった。また、佐賀県の高校教師たちも伝承の史実化に疑問を投げかけていたことも前章で紹介した。

とりわけ、佐賀市内にある県立森林公園内には、鑑真上陸地の記念碑や記念物が造られ、伝承は史実として定着しつつあった。記念碑などの建立は一九九〇年のことである。

鑑真上陸伝承地再訪

二〇一五年夏、その上陸地を再訪してみた。再訪とはいっても、じつは四度目である。しかし、前回からは十年ぶりであった。

佐賀駅前からタクシーに乗り、森林公園内のガンジン上陸地と行き先を告げると、運転手はその場所がよくわからないような感じであった。年配の方なので、当方もやゝとまどったが、どうも行き先が通じていないらしい。

しばらくして、運転手が「野球の応援ですか」と聞き返してきた。そこで、問答は別の方向へ展開した。じつは、当日は高校野球の佐賀県代表を決める決勝戦の日で、森林公園内にその球場があるというのである。

公園入口で、とりあえず降ろしてもらった。何度か来ているので、上陸記念碑はすぐわかるはずであったが、それが簡単ではなかった。公園は少しずつ整備され、前より広くなった感じでもあり、あのあたりかと思う方向に歩を進めながら、散歩している人がいないかと、キョロキョロ見回すのであるが、人影が一人も見えないのであった。まったく、閑散としている。

やっと、飲み物などを売っている休憩所を見つけたので、ほっとして、そこの売店のおばさんに、ガンジン上陸地記念碑はどの辺か、と聞いてみた。ところが、そのおばさんは、その先に石碑らしいものがあるが、何の碑かは知らないという。

そこに、軽トラックで清掃員が通りかかり、その車を止めてたずねたところ、ようやく場所が判明したのであった。

鑑真上陸地記念碑・記念物などは以前のままであった。ただ、一帯はひっそりしていた。

それにしても、タクシーの運転手も、公園の売店のおばさんも、「ガンジン」には無関心であった。二五年前に、あれほど盛りあがった「鑑真熱」はすっかり冷めていた。

筆者は、狐につままれた思いで、しばらく記念碑の前に立ちつくしていた。運転手やおばさんの言動からして、最近はこの地を訪ねる人もほどんどないことが推察できた。

夏休みに入って一週間、親子連れでにぎわう公園内のはずである。近くには子どもの遊具があり、そこでわずか数人の子どもが遊んでいるだけであった。

その子どもたちも、記念碑などには関心がないようであった。近くには遣唐使船のヘサキを模したすべり台があったが、子どもの一人はそれには興味を示していた。

遣唐船のヘサキを模した遊具

名護屋城再訪

じつは、筆者はその前日には、唐津市の北の名護屋城跡を訪れていた。こちらは三回目の見学である。いうまでもなく、豊臣秀吉が朝鮮出兵の拠点として、諸国の大名それぞれに築造させた石垣をはじめ、諸遺構が残っている。

残念ながら、諸資料を展示する名護屋城博物館は休館（月曜）で、辺地の博物館としては豪壮ともいえる外観をあらためて見ただけで、前回の見学以後の新資料の展示に接することはできなかった。

名護屋城跡（石垣の一部）

いっぽう、岬の先端近くの島津義弘の築造地点まではかなりの道のりであり、炎暑の中を見学に往復する体力に自信がなく、あきらめて帰途についた。それにしても、大手口近くの石垣をはじめ、各所に残る石垣や構築物には、いつも圧倒される。

また、豊臣秀吉の征服欲と構想力には、凡人には計り知れないものがある。秀吉は朝鮮半島を経由して、中国大陸の明を配下に置く征明政策を構想していたのであった。そのため、文禄元年（一五九二）には十六万の軍勢を編成して朝鮮半島への渡海を命じた。その拠点となったのが名護屋城であった。秀吉自身、名護屋城に出向き、約一年四か月にわたってみずから出兵の指揮もとっていた。

名護屋城跡とその周辺には、一〇〇を越える諸大名の陣屋跡が確認されているが、江戸時代になってその多くは破却されたという。それでも、石垣などが現存しており、秀吉の権力の強大ぶりを示している。

同じ佐賀県内にありながら、史実としての城跡をいまに見せている名護屋城跡と、単なる伝承地としての鑑真上陸地記念碑一帯では、人びとの受けとめ方に、大きな差異があるように感じた。

両地を見学して帰宅すると、かつて鑑真上陸地伝承の史実化を懸念していた、佐賀の高校教師から暑中見舞いが届いていた。そこで、古い手帳から電話番号を探し出し、最近の「鑑真熱」の実情をたずねてみた。

それによると、かれは時々上陸地記念碑周辺を自転車で散歩するらしい。すると、時に小学校低学年の遠足に出くわすという。しかし、引率教師は記念碑について説明することもなく、児童たちが遣唐船のヘサキ構造で遊んでいるが、なぜ、そこにこんなものがあるのか、ということには無関心だという。

その無関心ぶりは、佐賀市民にも共通しており、「ガンジン」は忘れられたようです、という返事であった。

記念碑建立をふりかえる

鑑真上陸地記念碑などの建立は、一九九〇年であった。あのころの地元の熱気はどこに消えたのであろうか。いまふりかえると、地元の有力者・歴史研究者らが、いかにも事実のように鑑真上陸を語り、それを出版物にしている。そのうちの一冊は私の手元にもある。

また。記念の歌も作られ、子供たちはそれを舞台の上で歌ってもいた。さらには、県外にも賛同を呼びかけ、多くの人が賛同させられていた。

そこには、鹿児島県の関係者の名も見える。鹿児島県知事・鎌田要人、鹿児島県坊津町長・原多計志の方々である。そしてまた、小説『天平の甍《いらか》』の著者井上靖さんは「鑑真和上坐像讃」の文章を寄せている。しかし、その文章は、奈良唐招提寺の鑑真像を讃《たた》えたもので、鑑真が佐賀に上陸したことについてはふれていない。参考までに、その讃文を掲げてみよう。

若葉して

—鑑真和上坐像讃—

鑑真和上は、日本を目指す苦難にみちた放浪五年の旅の途中、失明されている。日本の土を踏まれてから朝に夕に、和上の盲いた二つの御眼には、何が映っていたであろうか。旅の途中、相継いで他界した和上の高弟・祥彦の姿も、日本僧栄叡の姿もあったであろうし、和上がその半生を埋められた古都・揚州の風光も絶えず、その瞼を訪れていたに違いない。併し、私は思う。鑑真和上の場合、その盲いた瞼に繁く載せておられたものは、やはり、まだ見ぬ日本ではなかったか。法のために、命をかけて、漸くにして、果し得た日本との大文化交流である。大小の行事こそ、華やかに行われておれ、その度にまだ見ぬ日本の山野が、日本の都が、日本の民が、どうして瞼に載らないでいようか。

〝若葉しておん眼の雫ぬぐはばや〟

晩年の和上のお姿を寫したと伝えられる鑑真和上坐像（国宝）の、どこか悲しそうなお眼あたりを、日本の若葉でぬぐって差上げたいというのが、この有名な句の作者、芭蕉の心であったのである。私も亦、この句の心を借りて、毎年五月には、奈良に唐招提寺を訪ね、鑑真和上像の前に立たせて頂くことを念願している。

一九九〇年十月　　井上　靖

井上靖の讃文

贊同の呼びかけは、中国にまでおよんだ。中国では、一九八〇年の唐招提寺鑑真像の中国里帰り展で熱狂的歓迎ムードが高まった後であっただけに、贊同の呼びかけに、積極的に応じたようである。

いま、佐賀県立森林公園内の鑑真上陸地記念碑の一角に、中国の鑑真和尚表彰会からの、中

中国より贈られた「瓊花」

中国からの顕彰文

国語で書かれた顕彰文と、鑑真の出身地である江蘇《こうそ》省揚州《ようしゅう》市から贈られた記念樹「瓊花《けいか》」がある。瓊花は字義からすると、玉のように美しい花を咲かせるのであろうが、筆者は四回もこの地を訪ねているが、いまだ一度もその花を見ることがなく、機会を逸している。樹勢は盛んなように見えるので、またの機会にはと願っている。

これほどの支持者・賛同者を得、それも中国にまでの広がりを見せると、一学者が提唱した学説は、しだいに史実化されて定着したように思われた。そして、地元の高校の歴史教育にあたっていた教師たちをとまどわせ、反発をかっていた。

しかし、それから二五年、あるいはそれ以上の年月が経ってみると、それらは教師たちの杞憂《きゆう》でもあったのであろうか。そしてまた、県民・市民の脳裏から「ガンジン」

上陸記念碑など全景

記念碑に刻まれた鑑真像

への関心は消えかかっているようでもある。

その原因は何であろうか、と考えてみた。

それは、この学説・伝承には明確な裏付けが得られていないことであろう。立証する史料・資料が欠けているのである。人びとはそのことに気づきはじめ、森林公園内の記念碑は、単なる「物語」のそれに過ぎないとの理解が広まっているようである。

その点では、鹿児島県の秋目浦や大宰府は、『唐大和上東征伝』という、奈良時代の史料に鑑真の到着年月日・地名がはっきり記されており、歴史事実として、だれもが認める裏付けが得られていることである。

佐賀県は史跡が多い。とりわけ、対外関係の史跡が目立つ。古くは『魏志倭人伝』に出てくる「末盧《まつら》国」がある。九州本土への上陸地で、現在の唐津である。字義の通り

「唐《から》」への港であるが、カラは「韓」の意もあるといわれている。同じ『魏志倭人伝』の三十国の一国は、吉野ケ里遺跡ではないか、ともいわれている。

江戸時代には長崎警備を福岡藩と交替で務める任務を負わされていた。長崎は、いうまでもなくオランダなど外国に開かれた港であったから、洋式軍備化に積極的で、金属・鉱石を溶解するための反射炉の築造に最初に取り組んでいる。JR佐賀駅の裏手には、その模型を展示して、かつての雄藩であったことを誇示している。

そのような対外的拠点の伝統の一端が、先に紹介した名護屋城跡であった。その対外的伝統を顧みると、史料の裏付けの得られない鑑真上陸地の存否にこだわる必要はなさそうである。

坊津と遣唐使船

この佐賀の鑑真上陸地をめぐる一連の経過を見ていると、鹿児島県にも〝対岸の火事〟として見過ごしてはいられない一例があった。それは薩摩半島南西端の坊津《ぼうのつ》が、古代には遣唐使船が出入りする重要な港津であった、としばしば語られてきたことで

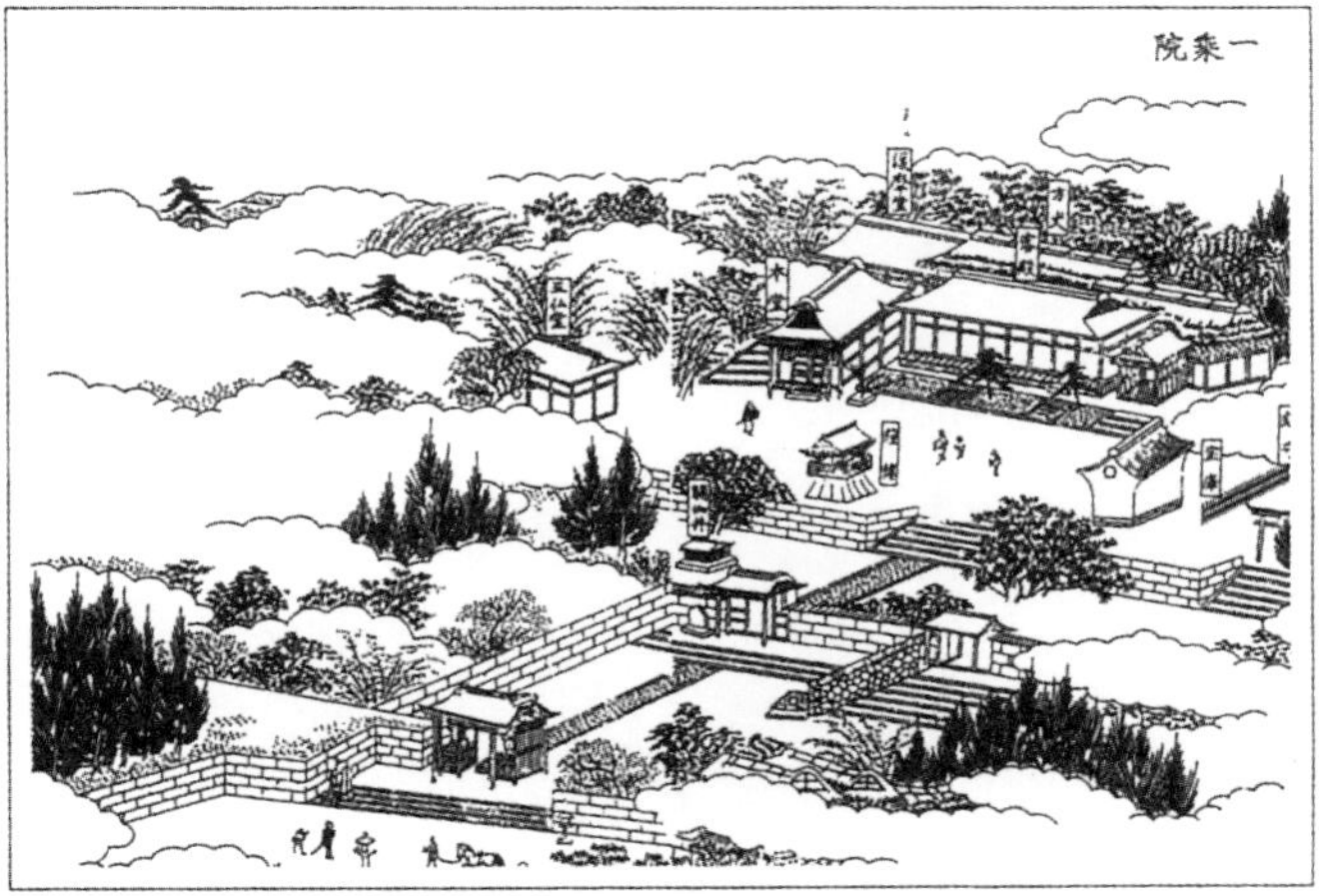

「坊津」の地名起源になったという「一乗院」を俯瞰した絵図
(『三国名勝図会』による)

ある。

そこには、鑑真が坊津浦の北に位置する秋目浦に遣唐使船の帰路に便乗して到着したことが一つの拠り所となっているのであろう。しかし、鑑真が秋目浦に寄航したのは、『唐大和上東征伝』の記述から見て、当初からの目的地ではなく、漂着であった。

また、鑑真便乗の遣唐使船のほかに、坊津浦あるいは一帯の港津に遣唐使船が出入りした史料は、古代を通じで見出すことができない状況にある。

文献・記録類などの史料ばかりで

なく、一乗院跡（旧坊泊小学校）の発掘調査によっても、この寺院が古代に存在したことを示す、遺物・遺構は検出されていないことを述べておきたい。

ところが、その時期を中世まで下げると、中国の明《みん》代の兵書『武備志』などに、「日本三津」として、伊勢安濃津《あのつ》・筑前花旭塔津《はかた》（博多）のほかに薩摩坊津があげられている。この記述からすると、明代には中国にまで知られた日本港津の一つとされていたのであった。

『坊津町郷土誌』（上巻、一九六九年、坊津町）が、第四章の冒頭において、「帆をはらむ遣唐船―一世紀にわたる入唐道―」として、「入唐道《にっとうどう》、これは坊津が一二九七年前（弘文天皇の六七二年）から、一世紀にわたり、遣唐船の発着港として、内外に、とどろかした異名である。」と記すが、その裏付けは得られていない。

伝承と史実は、明確に区分し、もし史実とするならば、その主張の歴史的背景となる史料的裏付けに充分な検討が必要であろう。

十一章　宇佐八幡の放生会

八幡神社は宇佐から

いま、全国で一番多い神社は八幡神社である。その八幡神社の歴史をひもといてみると、八幡神社のはじまりは、大分県の宇佐八幡であるという。八世紀、奈良時代に宇佐八幡からはじまった八幡神社が、いま全国で七千八百社余りあり、全国の神社数の約一割を占めている。

全国を八地域に分けて、各地域の神社数を調べた結果をみると、北海道・東北、関東、北陸・甲信、東海、近畿、中国、四国、九州のいずれの地域でも八幡神社がトッ

宇佐神宮本殿

プである。

したがって、全国的にかたよりがなく分布している神社である。しかし、二位以下になると、地域によって伊勢神社であったり、天神社（天満宮）であったりと一様ではない。

宇佐八幡と隼人

そのような八幡信仰の発祥とされる宇佐八幡が、古代南部九州の住民であった隼人とかかわった歴史を持っていたことが語られている。とりわけ、大隅隼人とのかかわりである。

大隅国が律令国家体制のもとで、一国として成立したのは、和銅六年（七一三）四月のことであった。日向国のなかの肝属《きもつき》・曽於《そお》・大隅・始羅《あひら》の四郡を割《さ》いて、一国としたのであった。したがって、それまでは日向国に属していたのである。かつては、薩摩国の地域も日向国に属していたのであったが、これより十年ばかり前に、すでに分立していた。

以後、「隼人」の称はこの二国の住民に限定され、それぞれ薩摩隼人、大隅隼人と呼ばれている。この二国の隼人の呼称のほかに「日向隼人」の存在を強調する説がある。

『続日本紀』には、確かに『日向隼人』の表記が和銅三年（七一〇）正月の記事に一度だけ見える。しかし、そこに出てくる人物は「曽君細麻呂《そのきみ》」であり、大隅国分立以前の贈於地域に出自をもつ豪族の一員である。したがって、のちの「大隅隼人」に該当するので、便宜的呼称として用いたものとみられる。


大隅国が成立した翌七一四年三月の記事によると、

隼人は未開で、野蛮な者どもだ。朝廷の法律にも従わない。よって、豊前《ぶぜん》国の民二百戸を移住させて、開明できるように指導させたい。

とある。豊前国は、いまの大分県北部から福岡県にまたがる地域で、瀬戸内海に面して、九州では先進地として知られていた。朝鮮半島からの渡来人が住みついて、先進的諸技術が発展しており、そのいっぽうで仏教文化も古墳文化も早い時期の遺跡が見出されている。

また、八幡信仰の元祖とされる宇佐八幡もこの地にある。そのような地域の人びとが、大隅国の国府周辺に移住して、隼人の指導にあたるというのである。二百戸は、当時の大家族制では四千人〜五千人にも相当する人口の大移動である。

当時の大隅国の人口は、おそらく三万人に満たないとみられるので、遠路はるばる移住して来る側も、それを受け入れる側も、容易なことではないプランであった。それを強行しようとしたのは、中央政府の指令を受けた大宰府の役人たちであろう。

中央政府の意図は、早期に「隼人を公民化」することであった。その最初の政策が、先進地域の住民による隼人の勧導であった。

その勧導によって、隼人を戸籍・計帳という住民台帳で掌握し、律令制下の諸負担を課すことである。その前提となるのが、班田収授法の実施であった。

律令政権の所在地は畿内《きない》である。「畿」とは宮都であり、また宮都を中心とした周辺諸国のことで、大和・河内・和泉《いずみ》・摂津・山城などの諸国を指している。これらの諸国で実施してきた班田制を、漸次その地域を拡大させて支配権を波及させ、伸張させてきたのであった。

しかし、隼人の居住地域である大隅・薩摩両国では、その班田制の実施が挫折状態に落ち入ってしまったのであった。班田制は、もともと田地を対象にしており、そこで稲を作り、その収穫をもとに租税体系を構成するしくみであった。

ところが、大隅・薩摩両国は火山性土壌で、とりわけシラスと呼ばれる姶良《あいら》火山噴出物でおおわれていた。シラスは保水力がなく、無機質で稲作の基盤となる水田には不向きな地質であったから、この地域に班田制を導入することは困難なことであった。また、この地域は山がちの地形であったから、耕作地自体が限られていた。

しかし、そのような地域性を配慮しない畿内中心の律令政権は、この地域に派遣した国司に、班田制実施を強力に命じたとみられる。

その結果、南部九州の現地では、国司の強行策に対する住民の激しい抵抗が頻発していた。そして、遂に七二〇年には大隅の国守《くにのかみ》陽侯史麻呂《やこのふひと》が殺害されるという、突発事件が惹《ひ》き起されるまでになり、以後一年数か月にわたって、隼人の抗戦が続いたのであった。

この抗戦は、豊前国住民を中心とした移民集団に大きな衝撃をもたらすことになった。四千人から五千人におよぶ大移動が一挙に進行することはなく、おそらくは長期にわたって徐々に実施される計画であったとみられる。

移住計画の発表から抗戦勃発の七二〇年までは、いまだ、六年しか経っていない。したがって、すでに大隅国に移住した人びとがあるいっぽうで、移住途上の人びとや、さらにはこれから出発しようとしていた人びとなど、さまざまであったとみられる。そのいずれの場合でも人びとは、それぞれに衝撃を受けたはずである。

『八幡宇佐宮御託宣集《ごたくせん》』によると、豊前守正六位上宇努首男人《うののおびとおひと》は、八幡神社の神輿《みこし》をともなって、豊前国の民の安全と、戦勝祈願を念じて出兵し、隼人征討に功があったという。

『続日本紀』によると、翌七二一年七月に隼人は「斬首獲虜合わせて千四百余人」の犠牲を出して、その抗戦が終結したことを記している。

宇佐八幡では、これらの隼人の霊を鎮めるために、以後放生会《ほうじょうえ》が行なわれるようになったと伝えている。

宇佐八幡の放生会

宇佐神宮宮司の到津公斎《いとうずきみなり》さんは「隼人鎮魂と放生会」と題する文章のなかで、つぎのように述べている。（文章の一部は省略したり、要約したりしている）

放生会は、隼人を慰める慰霊の行事であることは、宇佐地方の方々は良く知っております。（中略）この祭典は奈良時代より「放生会」として行われるようになりまして、今でも八幡宮の各神社にはこの放生会が行われている所も少なくありません。（中略）隼人を制圧して三年後の養老七年

凶首塚
６世紀の古墳。隼人を葬った塚とされる。

に凱戦し、彼の地の隼人たちの首を持ち帰りまして、その首を松隈《まつくま》の地に埋めた（凶首塚という）、と言うことであります。その後宇佐地方には疫病が流行したので、これは「隼人の霊のたたり」だとして、彼ら隼人の霊を慰めるために「放生会」が始められたのだといわれています。

宇佐八幡の宮司さんの話を、要約しながら簡潔に記したのであるが、そこでは放生会が隼人の慰霊から始められたことが語られている。

放生会の縁起が隼人の慰霊によるとの説は、関連するいくつもの書物のなかでも、多くの人によってしばしば述べられている。いわば通説ともいえよう。

しかし、筆者はこの通説には疑問を感じている。もう少しはっきりいえば、通説には無理な理屈で構成されたところがあって、納得がいかないのである。そこで、放生会という行事の原点に立ち戻って、考えてみようと思う。

まず、放生とは何か、を明らかにしておかねばならない。それは仏教による慈悲行《ぎょう》であり、捕まえた鳥・魚・獣類を山野や池水に放つことである。さらには、殺生を禁断する戒《いまし》めとするものであろう。

この慈悲行は仏教の経典（梵網経《ぼんもうきょう》など）にもとづくもので、中国から伝来し、日本では七世紀後半の天武・持統朝から政策として行なわれていたことが、『日本書紀』などに見えている。

さらに、八世紀後半の天平宝字八年（七六四）の十月になると、放生司という役所が置かれている（『続日本紀』）。したがって、七世紀後半から八世紀後半にかけて、放生思想は政治思想としても定着した観がある。

放生会（仲秋祭）行列遠望

このように放生思想をみてくると、この思想と隼人の慰霊とはかけはなれているように思われる。放生の場合は、捕えた生きている鳥・魚・獣類などの動物を放つのであるが、隼人の場合は殺された人間の霊を慰めるのであるから、両者の行ないの間には、思想的に隔たりがあって、同一にはできないであろう。

もし、両者を少しでも接近させようとするならば、隼人を人間とはせず、動物視していたと考えることであろうが、それでも放生という生きている動物を放す行ないとは、相容れないので、やはり矛盾があると思われる。

そこで、あらためて放生会の起源と、隼人の慰霊について再考してみたい。

放生会の起源について、もっとも取り上げられる史料は『八幡宇佐宮御託宣集《ごたくせん》』である。この書の内容については、先述の宇佐八幡宮司の到津公斎さんが述べている通りである。この御託宣集は、宇佐宮寺（弥勒《みろく》寺）学頭の神吽《じんうん》によって、正和二年（一三一三）に成立したとされている。

したがって、隼人が抗戦し多くの犠牲者を出してからは約六〇〇年後の、かなりの年数を経た後代の史料である。歴史研究で重視されるのは、史料の同時代性ということである。ある事象についての歴史叙述は、その事象の起こった時期と、それを記述した史料の成立時期が、なるべく近いということが、研究の信憑《しんぴょう》性を示す一つの重要な拠りどころになっている。その点では、御託宣集は成立時期がかけはなれ過ぎていることである。

そこで、もう少し時期の接近した史料がないものかと探してみると、『政事要略』

が見出される。

『政事要略』は寛弘五年（一〇〇八）ごろ成立した法制書である（一〇〇二年成立説もある）。もとは一三〇巻あったが散逸して、二五〜二六巻ほどが現存している。著者は明法《みょうぼう》（法律）博士の惟宗允亮《これむねのただすけ》で内容的には信頼できるものである。その中に、宇佐八幡大神について、つぎのような一文がある。


向《こう》（抗）拒《きょ》の隼人等を伐《き》り殺しき。大神託宣して、吾《われ》比れ隼人を多く殺しつる報《むくい》に、毎年放生会をして仕へ奉るべし。


この一文は、放生会が隼人の抗戦のときの大量の殺戮《さつりく》に報いるための供養として、放生会が行なわれるようになったことを伝えている。

この『政事要略』の一文は、神吽が『八幡宇佐宮御託宣集』を編集する際に、何らかの影響を与えているように思われる。

それにしても、『政事要略』は隼人の抗戦から三〇〇年近く経過した時期の叙述であるから、著述した惟宗允亮がみずから見聞きした事実をとりあげたものではないことは明らかである。

三〇〇年前の事件・事象を事実にそって記述することは容易なことではない。そこに、伝承や推測などが加えられることは十分に想像できることである。たとえば、二〇一〇年代に生活しているわれわれが、三〇〇年前の事件・事象を事実にそって叙述するようなものである。三〇〇年前は、江戸幕府七〜八代将軍徳川家継・吉宗の時代である。そのような叙述の内容の真疑は、想像に難くない話である。

ところで、『政事要略』以前に放生会の起源を、隼人の殺戮に結びつけて記述した文献は、まったくないのであろうか。

博捜《はくそう》すれば、まだある。たとえば「宇佐八幡宮弥勒寺《みろくじ》建立縁起」という、承和《じょうわ》十一年（八四四）六月の日付の文献がある。ところが、この文献は「石清水文書」の中に伝えられており、当の宇佐八幡宮には伝存していない。したがって、文献の信憑性に疑義があり、一応は検討対象からはずしておくことにしたい。

しかし、その信憑性が認められるとしても、これから述べる本稿の内容には支障はないものである。

放生会起源のあいまいさ

放生会の起源を、隼人殺傷の供養や慰霊とする大勢に、筆者は以前から疑問を抱いている。

それは、放生会と隼人慰霊、それぞれの本来の意図は別のものであり、それらが習合したものであろう、と思われるからである。さらには、ほかの行事も加わっていると考えられる。しかし、いまは前者の問題から取りあげてみよう。

隼人への供養・慰霊は、奈良時代の八世紀後半から盛んになってきた御霊《ごりょう》信仰の影響が濃厚である。

御霊信仰は疫病の流行や天災などの頻発を、非業の死を遂げた人物などの御霊の祟《たた》りとして恐れ、その御霊を鎮めることによって平穏を回復しようとする思想にもとづく信仰である。

さきの、宇佐神宮宮司の到達公斎さんの文章にも、隼人征服後に「彼の地の隼人たちの首を持ち帰りまして、その首を松隈《まつくま》の地（凶首塚）に埋めた、と言うことであります。その後、宇佐地方には疫病が流行したので、これは隼人の霊のたたりだとして、彼ら隼人の霊を慰めるために放生会が始められたのだといわれています」と、記述されています。

宮司は神社の最高の神職である。その宮司さんの放生会の起源についての話であるから、それが定説として流布するのも当然である。

しかし、この宮司さんの話も、「と言うことであります」とか、「と言われています」とか、もう一つ歯切れがよくないところが気になる。

宮司さんには失礼であるが、筆者はこの放生会起源説に疑問を抱いていることは前述した通りである。

松隈の地の凶首塚が古墳であることは、すでに明らかにされている。いまでは石室まで露出しているので古墳であることは疑う余地はなく、隼人の首塚などとするのは、根拠のない伝承に過ぎない。

ところで、御霊信仰の例として著名なのは井上内親王《いのうえないしんのう（いのえの）》や早良《さわら》親王であろう。井上内親王は聖武天皇の皇女で光仁天皇の皇后になったが、子の他戸《おさかべ》親王と共謀して光仁天皇を呪《のろ》い殺そうとしたとの理由で廃后となり、七七五年に母子ともに獄死している。

その背後には、山部《やまべ》親王（桓武《かんむ》天皇）を擁立する藤原百川《ももかわ》らの陰謀があったとされ、冤罪《えんざい》とされたため、八〇〇年には詔によって復位されているが、その間に疫病などが広まり、内親王の祟りとされた。

京都・御霊神社（山下弘勝さん提供）

さらには、早良親王の事件である。親王は光仁天皇の第二皇子で桓武天皇の同母弟であり、桓武天皇即位で東宮《とうぐう》（皇太子）になった。ところが、造長岡宮使《ぞうながおかきゅうし》（長岡宮造営の中心）の藤原種継《たねつぐ》が射殺される事件があり、親王がその事件に加担していたとして、皇太子を廃され、淡路へと流される途中、自ら絶食して死去した。
その祟りが、つぎの平城《へいぜい》天皇におよぶとみられたため、早良親王を崇道《すどう》天皇と追号し、天皇位にあったことにした。また、京都御霊神社に祭られることになった。

このように奈良時代の末から平安時代の初めにかけて、御霊信仰は高まりをみせる。このあとには、菅原道真の御霊鎮めもある。また、奈良時代の前期には、長屋王が自死させられる事件が起こっている。しかし、長屋王の事件については、史書はその子細を語るところが少ない。おそらくは、背後に藤原氏の存在があったことから、詳しく語るのを避けたとみられる。

御霊信仰は、おそらく八世紀の前期ごろから、その萌芽《ほうが》があった、と筆者は見ている。

長屋王は、当時の政界首班の左大臣であったが、国家を傾けようとしたと密告され、妻の吉備《きび》内親王や王子たちとともに自死させられたのであった。これが藤原氏が画策した陰謀であったことは明らかである。

この事件後、藤原光明子《こうみょうし》が立后し、その兄弟四人がそろって政界に台頭している。『続日本紀』の記述は、その事実を伝えるのみであり、真実を告げることをせず誣告《ぶこく》（いつわって告げる）とみている。

放生会を解剖する

宇佐八幡で秋に行なわれてる放生会は、もともと別個であったいくつもの行事が、相互にからみ合って、複雑な様相を呈している。

その中で、放生会の名にふさわしいのは、神輿《みこし》が和間《わま》の浮殿に神幸し、御座船《ござぶね》に神職・総代らが乗船して蜷《にな》貝や蛤《はまぐり》などを海に放流する、その行事であろう。

ところが、それに前述した隼人への慰霊・供養の行事が加わっている。

さらには、御神鏡奉納行事が深くかかわっている。その御神鏡奉納の様相を中野幡能先生執筆の「放生会の源流とその概要」からごく一部を筆者なりに引用すると、およそつぎのようである。

福岡県田川郡香春《かわら》町採銅所に鎮座する豊比売《とよひめ》(姫)神社(後に古宮《こみや》八幡宮と称する古社)の宮柱《みやばしら》長光家が宇佐八幡に奉納する銅鏡を鋳造する。銅鏡鋳造の清祀《せいし》殿は神社の南方二キロにある。

その銅鏡は豊比売社の神人によって豊日別宮《とよひわけのみや》(草場《くさば》神社)に納められる。つぎに、

宇佐神宮勅使門

豊日別宮の神人がこの銅鏡を奉持して宇佐に向う。そのうちの一団は放生会の行事にも合流する。その後、さまざまな行事があり、最終的に銅鏡は宇佐宮に納められる。その間の行事は、時代によって変遷があり、その変遷は複雑であり、現在ではすでに行われていないものもあって、昔時の行事を想像するにとどまるものもあるという。

さらには、傀儡《くぐつ》（歌に合わせて舞わせるあやつり人形）を有する楽人の一団は豊日別宮の神人団と、宇佐の凶首塚や化粧井をめぐっているので、ここでは隼人の慰霊・供養の行事の一部と合わさっている。

このように見てくると、いま「放生会」といわれている行事には、少なくとも三つの行事が重なり、混交されている。

本来、別個の行事であったものが、数百年、あるいはそれ以上の年月を経、また中断されたり、復活したりしている間に、「放生会」の名のもとに複合された行事として現在伝存されているのであろう。

そこには、神仏習合や御霊信仰が見られ、さらには、収穫祭的要素も複雑にからみ、それらを解きほぐすことは困難である。また、蜷などを放つ放生会よりも、銅鏡奉納が本源的である様相も呈している。

宇佐八幡の放生会は、その本源の解明が今後に残された課題であろう。

十二章　鹿児島神宮の浜下り

神宮の大祭復活

霧島市隼人町の鹿児島神宮では、昭和九年（一九三四）以来途絶えていた浜下《はまくだ》りの神事が平成十二年（二〇〇〇）に復活した。以後十五年、年ごとに盛りあがっているようである。

秋十月のある一日、浜下りの一行は鹿児島神宮から南へ、浜之市の海をめざして総勢三〇〇人が行列をなし、神宮の神輿《みこし》とともに約四・五キロの道のりを行く。

先頭は神話（天孫降臨）で先導役であったサルタヒコである。それに続いて召し立

隼人塚で隼人舞奉納

浜之市八幡神社での神事の一コマ
（豊栄の舞）

鯛の放流

御神体の御輿も行列へ

浜下り　神宮出発

役、武者、旗持ち、獅子（面）、稚児、神官、神輿《みこし》、雅楽隊など、まだまだ続く行列である。

途中、隼人塚で「隼人舞」奉納神事、伽藍《がらん》神社などを経て、浜之市八幡神社で「豊栄の舞」奉納神事などがあり、その後に、船で海に出て船上から鯛を放流する。この場面は、「放生会《ほうじょうえ》」に通じているようである。

しかし、この一連の行事を「放生会」と称することはあまりなく、「浜下り」と呼んでいる。先頭近くを行く旗にも「鹿児島神宮浜下り」と大書してある。

諸社の「浜下り」を見る

天保十四年（一八四三）に成立した『三国名勝図会《ずえ》』には、いくつかの神社の「浜下り」が叙述されているので、そのようすをのぞいてみたい。

まず、鹿児島の荒田八幡宮である。よく知られた神社で、当時の「荒田村」に立地していた。社伝は「往古鹿児島の総廟にて、祭祀には流鏑馬《やぶさめ》等ありしといふ。建久八年、薩摩国図田帳《ずでん》に大隅正八幡宮御領、鹿児島郡荒田荘八十町地頭掃部頭《かもんのかみ》」などと、

荒田八幡の浜殿下り

一一九七年以来のその来歴を記すが、この社が大隅正八幡宮（鹿児島神宮）と深いつながりがあったことがわかる。その後続の文章で、つぎのように記している。

正祭（九月二三日）には、荒田の海浜に行宮《あんぐう》を構へ、神輿を護りて、其行宮に至る、これを浜殿下り《はまどのくだり》と称す。諏方《すわ》大宮司、及び当社の社司等、多く陪従《ばいじゅう》し、大傘・鉾《ほこ》等種々の神器を携《たずさ》へ、神楽を奏す。かくて其往来の途中、神輿を奉ずるの徒、一斉に声を発し、或は前に、或は後《しり》へに向って神輿を馳《は》す。此の如くすること数回、是れ神の喜び給ふところとす。

この記述に出てくる「荒田の海浜」は、八幡宮の立地から考えて、与次郎ヶ浜《よじろうがはま》の海辺であろう。現在は埋め立てられて、かつての海辺の面影はないが、八幡宮から東へ数一〇〇メートルで海浜に達する。かつて幼少時この浜で遊んだ経験のある方がなつかしい思い出を語っていた。

その海浜に「浜殿下り」をしていたというのであるから、海浜に行宮（仮殿）を建て、神事を行なったとみられる。その時の行列のようすが『三国名勝図会』には絵も載せられているので参考になる。

この行列では、異容な鼻高面が二面、竿先にかかげられて先導役をつとめているようである。行列の主体は大傘をさしかけられている神輿である。大傘は、古来天皇・公卿《くぎょう》などの貴人などの行列にさしかざす「衣蓋《きぬがさ》」あるいは「翳《えい》」などに類するものとみられる。

なお、この神事に諏方大宮司（城下最高の神官職）が参列しているのは、荒田八幡宮の「浜殿下り」が、城下諸社の神事のなかでも重視されていたことをうかがわせる。

また、同書の記述によると、三年に一度は春の彼岸、神輿を舁《にな》いて荒田村四方の境いにある随神祠《ずいしんし》を巡る「八幡境廻り」という行事があり、その際も浜下りとほぼ同じ方式の行列で巡ったようである。

つぎに、鹿児島・郡元村の一之宮神社である。この神社については「薩摩国図田帳、郡本（元）社、七町五段鹿児島郡」とあるから、その歴史は古い。神社名は『三国名勝図会』では「一條宮」とあるが、当初は「一之宮」で、枚聞《ひらきき》神社（薩摩一宮）をこの地に勧請《かんじょう》したことからの神社名という。その『三国名勝図会』には、この神社の浜下りについて、つぎのような記述がある。

十月朔日《ついたち》の祭祀、神輿浜下りあり。当社より巽《たつみ》（南東）方三町許《ばかり》の海辺、谷山街道の傍、古松樹あり。其處《そのところ》を柴立《しばたて》と呼ぶ。神輿をこれに駐《とど》む、故事なり。

記事が簡略なので、詳細は知り得ないが、一之宮神社の浜下りは十月一日で、神輿を谷山街道近くの海辺にある「柴立」という祭場まで運び、そこで神事を行なっていたようである。

いまでは、この海辺も埋め立てられているので、かつての地形や柴立の場所は想像するしかない。また、新川（田上川）が以前には北寄りに流れていた川筋を、文化三年（一八〇六）に現在の川筋に改修されたというから、この一帯の河道の変化も考慮する必要があろう。

つぎに、『三国名勝図会』には谷山の惣鎮守伊佐智佐《いさちさ》神社の浜下りの記事がある。この神社は紀伊の熊野権現を勧請した、谷山を代表する古社である。この神社の浜下りの記述は、つぎのようである。

正祭（九月九日）には浜下りと称し、神輿和田村の海浜、久津輪《くつわ》崎と云に臨幸あり、路すがら神楽を奏して、二人剣舞等をなす。

とある。この神社の浜下り先の久津輪崎は、いまではやはり埋め立てられ、産業道路となり、鹿児島市内から指宿市方面への幹線で交通量が多く、神事の行列は困難である。

それでも、谷山地域の住民にとっては重視される神事のようで、いまは秋の「谷山ふるさと祭り」のなかで、浜下りが催されている。しかし、谷山のメインストリートを歩くので、見物人は多くても、かつての海をめざしての浜下りの要素は見られない。

岩川八幡神社の浜下り

岩川八幡神社は「弥五郎《やごろう》どん祭」でよく知られた神社である。大人弥五郎人形をくり出してのお祭りは、多くの参拝者・見物人を集めている。

いまは、晴天の確率が高いとされる十一月三日の祝日恒例の催しとして、八万人とも十万人ともいわれる人びとが参集するといい、多くの露店とあいまって賑やかな一日となる。

ところが、この祭りが「浜下り」であることは、あまり知られていない。それも、そのはずで、弥五郎どんの行列は岩川の街をひとめぐりするだけである。内陸部に立地する岩川での浜下りは、まず考えにくいであろう。

浜下りで沿道に並ぶ出店の間を悠然と通る弥五郎どん

ところが、以前は「浜下り」を行なっていたのである。というのは、現在の岩川八幡の社地は大正三年（一九一四）に移転した旧熊野神社の境内地で、以前は現在地より北東の「元八幡」と呼ばれている地にあった。現在地より、それほど離れていないが、菱田川と前川の合流点にあり、内陸部では河水に恵まれたところである。したがって、旧地では合流点まで約一町の道のりの「浜下り」を行なっていたという。

　弥五郎どん祭の浜下りについての記述は、『三国名勝図会』より早く、『麑《げい》藩《はん》名勝考』（一七九五年、白尾国柱《しらおくにはしら》著）に、つぎのように出てくる。

八幡《やはた》八幡末吉郷岩川というにあり

此祭に、十月五日浜下りの時、大竹籠《かご》を編《あみ》て大人の立像を作り、大人弥五郎と称す。其の長《たけ》一丈六尺七寸、圍《まわり》九尺也、頭面に冠を着せ、木綿拾三反にて梅染《うめぞめ》の単《ひと》衣《え》を製着す。また、太刀大小を佩《へい》し、大なる荷包《きんちゃく》を提《さ》げ、手に矛《ほこ》を持てる像にて、村中を輓《ひ》き行く。（下略）

また、『三国名勝図会』には、つぎのように記されている。

八幡宮地頭館より　午の方、二里余

中島村にあり。万寿二年（一〇二五）山城国岩清水八幡宮を、大隅国岩川へ勧請せし、（中略）祭祀十月五日、其の日鳥居より一町許《ばかり》離れる處に、浜下りの式あり、大人の形を造て先払《さきばらい》とす。身の長《たけ》一丈六尺、梅染単衣を著《き》て、刀大小を佩《お》び、四輪車の上に立つ。此人形は、土人《くにひと》伝えて、大人弥五郎といい、また武内宿《たけしうちのすく》祢《ね》なりという。

岩川八幡の弥五郎どん祭りといえば、異様の大人の人形ばかりが注目されるが、この人形は浜下りの先導役で、後続の御輿が中心であることを忘れがちである。

南部九州には、このような大人の人形を先導役とする祭りが各地にある。都城市近くの的野《まとの》正八幡宮、日南市の田《た》ノ上《うえ》八幡神社はどちらも宮崎県であるが、大人人形の名はいずれも「弥五郎」である。

デオドン（日置八幡神社の大王面）

また、県内では日置八幡神社の「大《で》王《お》殿《どん》」や揖宿神社の「猿田彦巡行」などであるが、揖宿神社の浜下りは、以前は「神王面」であったというから、それほど古いものではないらしい。

放生会とホゼ祭

ホゼという稲の収穫期の祭りが、県内に広く分布する。農家では、ホゼの料理として甘酒・こんにゃく・そばなどが作られ、客にふるまうのが恒例であったという。

ホゼの語源は、「豊祭《ほうざい》」とか、「方祭《ほうざい》」(方限《ほうぎり》という地域の祭り)というが、それらはいずれも「放生会」がなまった語であるといわれている。そのいっぽうで、語源は「報賽《ほうさい》」にあるという説もある。「賽」の語は、神社などにある賽銭箱等の用字で、「お礼をする」意であり、神へのお礼・感謝の意を示しており、収穫祭にはふさわしい。しかし、その前提として「報賽」の語が一般に通用していたのかどうか、については疑問が残る。それは言葉の転訛《てんか》(音がなまる)を考えるときの条件でもあろう。

ホゼは地域の神社では「ホゼ祭り」として、氏子を中心として、多くの参詣者でにぎわう。それが時期的に「放生会」とも結びつくことは、その語源として有力視されるところからみてもほぼ明らかである。

ところが、ホゼ祭りは神社の御輿の「浜下り」神事がともなう例も少なからずあるから、この三者が一体化しているように見える。ある地域では、「放生会」と「浜下り」が一体化して、地域民はホゼと考えている。また、ある地域では、「ホゼ祭り」を「浜下り」と呼んでいるようである。

さきに述べた谷山の伊佐智佐神社の「浜下り」は、氏子や地域民は「ホゼ」と呼び、収穫祭りとして賑わったという。この伊佐智佐神社のような例は各地で見られたが、それを「放生会」と呼ぶ例は少ないようである。「ホゼ」の語が「放生会」からの転訛と考えると、さらに重ねて「放生会」と呼ぶ必要もなさそうである。

その点では、鹿児島神宮の「浜下り」は一見して「放生会」本来の色合いが濃いようでもある。それでも、六五年間途絶えていたものを復活したものであるから、以前の祭りをそのまま再現したとは、いい難いであろう。現に、復活以来十五年間、毎年祭りに参加した人、あるいは見物してきた人によると、その間にも祭りの細部には変化が見られるという。

そのような変化は当然である。私どもをとりまく社会や環境は〝常に動いている〟

のである。また人の心も思考も動き、それらに対応していくのが歴史の一面である。

大人の人形を先頭に立てる祭り、日置八幡神社のデオドン（大王殿）の変遷を概観すると、その変化が大略わかる。

日置八幡神社のデオドンは、古くからデオメン（大王面）に着装したものであったとみられている。その古面の一つには内側に銘文があり、寛永十八年（一六四一）に日置島津家四代の久慶《ひさよし》によって奉納されたことが記されている。久慶の来歴から推察すると、デオドンは岩川八幡神社の祭りにならって、日置でも大人化したようである。

その日置八幡神社の放生会は江戸時代には九月十五日で、流鏑馬《やぶさめ》も催されていたという。ところが、明治時代には、同神社の旧五月六日の田植祭に合流して催されるようになり、放生会の時期が大きく変わっている。その間には、祭りの内容にも変化が生じたことも十分に想像できることであろう。このように、祭りは変化するものである。その一例を見たところである。

なぜ「浜下り」するのか

ところで、多くの神社ではなぜ「浜下り」をしてきたのであろうか。「放生会」の神事は行なわなくても、「浜下り」は行なう神社が少なくなかったようである。

ホゼの語が「放生会」の転訛としても、それは言葉上の変化であり、ホゼが稲穀を中心とした収穫祭を主体としていることを考えると、生き物を放すこととは別であろう。

また、神輿が浜に下ることと放生は一見して一体のように受けとめられるが、本来は別のものであろう、と筆者は考えている。放生は仏教思想に由来するものであり、浜下りは神のミソギに由来するものである。

神のミソギは神話に見出される。

イザナギ・イザナミ神話である。イザナギは、先立たれたイザナミを探し求めて黄《よ》泉国《みのくに》へ到る。そこで醜《みにく》いイザナミの姿を見て、逃げ帰ってくる。ようやくこの世に戻ったイザナギは、次のように言っている。(『古事記』より)。

吾《われ》は、なんといやなおそろしい穢《けが》らわしい国に到りて居たもんだ。吾は身の禊《みそぎ》をしよう。

そして、筑紫の日向の橘《たちばな》の小門《おど》の阿波岐原《あはきはら》に来て、ミソギをした、というのである。

ミソギは、身を滌《そそ》ぐことであり、海や川で身を洗い清めることである。とりわけ、塩気のある海水が洗滌力が強く、効果があるとされている。「阿波岐原」は、現在の宮崎市東部の海岸近くにあてる説や、日向と大隅の国境近くの、鹿児島県の旧末吉町に当てる説などがある。とはいえ、後続の物語の展開からすると、海でのミソギである。

ところで、イザナギはミソギをすることによって、神力を蘇《よみがえ》らせて、つぎつぎに神を生み出している。それも、独《ひと》り身《み》の所産である。

まずは、海神《わたつみ》三神で阿曇連《あづみのむらじ》の祖神、つぎに筒之男《つつのお》三神で墨江之《すみのえ》三前神《みまえのかみ》、すなわち住吉大社（現、大阪市）の祭神で、この六神は海の神である。さらに、三貴神が誕生する（『古事記』より）。

是《ここ》に、左の御目《みめ》を洗った時に天照大御神《あまてらすおおみかみ》、つぎに、右の御目を洗った時に月読命《つきよみのみこと》、つぎに、御鼻を洗った時に建速須佐之男命《たけはやすさのおのみこと》。

というように、神格の高い三神が、ここに出現したのである。

ミソギの効果は絶大であった。

そこで考えてみたい。イザナギの身についたケガレとは何であろうか。それは目に見えるような汚《よご》れではない。ケガレは「気枯《けが》れ」であり、「気離《けが》れ」である。「気」は正常な、日常的な気力であり、神力である。

その気力が枯れたり、離れてしまうことがケガレであり、日常的な気力が衰弱したり、気力発揮不十分になる事である。その気力を回復させ、さらに増進させるのがミソギである。

一般的には、神は春になると人びとの生活する里《さと》に降りてきて、人びとの生活を見守ってくれる。人びとはその神に諸々のお願いをする。農作物の成育のこと、家族の健康のことなどをはじめとする、さまざまなお願いごとである。

そして、秋になると、収穫を見届けて神は山へ帰るのであるが、そのころには神は神力・気力を消耗させてケガレの状態になるのである。そこで、人びとは神に感謝して、浜下りをしてミソギをしてもらい、神力・気力を回復してもらうのであろう。そこに「浜下り」の本意がある、と筆者は思っている。

新井《あらい》白石《はくせき》は〝神は人なり〟といっているが、正にその通りである。人びとは、あること（仕事）を長くしていると、ツカレるとか、ツカレたという。それは、神のケガレ状態に通じている。そのツカレを癒《いや》すミソギを、人びとはそれぞれに、自分に適合した方法を編《あ》み出さねばならない。そして、明日への活力を生み出さねばならない。浜下りの神事は、参加した人びとや見物した人びとにその方法を示唆しているようである。

ところで、鹿児島神宮の浜下りの様相とその変遷の歴史を具体的・写実的に知る手がかりになるものはないかと、探してみるのであるが、いまのところ筆者の手元にあるのは、浜下りの「絵巻」を映したものだけである。それも製作時期が不詳という。その実物が、隼人塚公園の資料館に展示してあるというので、見せていただいた。しかし、ガラスのショウケースの中で、ごく一部しか広げていないので、全体を見ることはできなかった。

この資料館では、これ以上広げるのは無理なので、市のどこかのホールで全体が見れるように展示して欲しいものである。レプリカ（模造品）でかまわないので、市民にかつての「浜下り」のようすをじっくり見てもらいたい、と思った。

『延喜式《えんぎしき》』という文献には、平安時代の官社が記録されている。それらの神社を式《しき》内社《ないしゃ》というが、日向・大隅・薩摩三国には合わせて十社が記され、その中で鹿児島神社（現、神宮）だけが大社で、他はすべて小社であった。

その鹿児島神社が霧島市に存在していること、その神事の「浜下り」が復活して、存続していることを、市民は誇りにしたいものである。

最後に、「まつり」は集団の結束を強化し、和（輪）をもたらし、集団の意思統一を拡大する。語源的には、神意に従順になる「まつろう」に通じる。したがって、「まつり」に同調しない（反逆）者を、古語では「まつろわぬ」者といっている。

あとがき

本書は、古代隼人周辺の史話・伝承などを主にとりあげた。

それらのなかには、読者が史実と思い込まされている歴史が、ときにいかに根拠がないものか、あるいはいくらか史実らしいものがあっても、後世のある時期に虚飾されたものが、しばしば見出される。

そこで本書では、それらをあれこれ拾いあげて、真実を伝えることを意図したものである。


歴史叙述は、概して時代が経過するにしたがって、歪曲《わいきょく》されがちである。

それは、人びとの心情が、ともすれば自己中心になり、また地域偏愛に落ち入りやすくなるところがあるからであろうか。

しかしそれでは、歴史の真実からは遠ざかり、歴史の真相が見えにくくなってしまう。

では、歴史の真実や真相にせまるには、どうすればよいのであろうか。それは、史料・資料を見直すのが、もっとも近道であろう。そしてまた、できればその歴史的事件や事象がおこった場所に足を運び、その地を自分の眼で視て、そこの空気を吸ってみることである。

さて、本書は文化情報誌として定評のある「モシターン」（月刊・国分進行堂）に、二〇一五年一月から一年間にわたって連載したものを軸に、加筆してまとめたものである。

本書の出版を快くお引き受け下さった国分進行堂の赤塚恒久さんには、心より感謝しています。

二〇一六年二月

中村明蔵

著者紹介
中村明蔵（なかむら　あきぞう）
1935年、福岡県北九州市生まれ。1962年、立命館大学大学院日本史学専攻修士課程修了。ラ・サール高校教諭、鹿児島女子短期大学教授、鹿児島国際大学国際文化学部教授を経て、現在、同大学大学院講師。文学博士。主な著書に、「薩摩　民衆支配の構造」（南方新社）「鑑真幻影」（同）「飛鳥の朝廷」（評論社）「熊襲と隼人」（同）「隼人の研究」（学生社）「隼人の楯」（同）「熊襲・隼人の社会史研究」（名著出版）「隼人と律令国家」（同）「南九州古代ロマン」（丸山学芸図書）「新訂　隼人の研究」（同）「クマソの虚構と実像」（同）「かごしま文庫（29）ハヤト・南島共和国」（春苑堂出版）「古代隼人社会の構造と展開」（岩田書院）「神になった隼人」（南日本新聞社）「隼人の古代史」（平凡社新書）「中村明蔵雑論集」（洛西出版）「隼人の実像」（南方新社）「隼人異聞史話」（国分進行堂）。

薩隅今昔史談
隼人が語る歴史の真相

２０１６年２月２０日　第一刷発行

著　者　中村明蔵
発行者　赤塚恒久
発行所　国分進行堂
〒８９９-４３３２
鹿児島県霧島市国分中央３丁目１６-３３
電話　０９９５-４５-１０１５
振替口座　０１８５-４３０-当座３７３
URL　http://www5.synapse.ne.jp/shinkodo/
E-MAIL　shin_s_sb@po2.synapse.ne.jp

印刷・製本　株式会社国分進行堂
定価はカバーに表示しています
乱丁・落丁はお取り替えします
ISBN 978-4-9908198-3-5